お父さんが教える

13歳からの金融入門

デヴィッド・ビアンキ
David W. Bianchi

関 美和 =訳

Blue Chip Kids:

What Every Child (and Parent)
Should Know About Money, Investing,
and the Stock Market

日本経済新聞出版

Blue Chip Kids:

What Every Child (and Parent) Should Know
About Money, Investing, and the Stock Market
by David W. Bianchi

Copyright © 2015 by David W. Bianchi. All rights reserved.
Translation copyright © 2016 by Nikkei Publishing Inc. All rights reserved.
This translation published under license
with the original publisher John Wiley & Sons, Inc.
through Tuttle-Mori Agency, Inc., Tokyo.

Illustration © Kyle Bianchi

お父さんが教える 13歳からの金融入門

BLUE CHIP KIDS

ベルナード・ダーティに捧ぐ
インスピレーションと励ましを与えてくれてありがとう

ブルーチップ(blue chip):
とくに優れているもの、最高のクオリティ、
過去の業績からみて安全と考えられる投資適格銘柄

まえがき

スゴ腕の会社

　ためしにどこかの高校で、いちばん頭のいい男子と女子を探して、おカネや投資や株式市場についていくつか質問してごらん。どのくらい知ってるかな？

　たとえば、おカネの運用について。株式や債券の売り買いについて。通貨と為替レートについて。株価収益率（PER）について。いろいろなおカネの稼ぎ方について。クレジットカードとデビットカードについて。市場シェアと株式公開（IPO）について。複利について。株式のロングとショートについて。税金について。オプション（プットとコール）について。ファンドについて。住宅ローンについて。時価総額について。中央銀行と証券取引委員会について。企業分析についてはどうだろう？　そのほかにも、たくさんある。

　誓ってもいいけれど、ほとんどなにも知らないはずだ。

これからずっと先、成功していくために必要な金融のスキルを、学校ではなにも教えてくれない。学校以外のところで、それを全部学ばなければならないんだ。

　なかには、前の世代が大人になってから知ったよりもたくさんのことを、高校生になるかならないかですべて本で読んで知り尽くしているような、いまどきの子もいる。だけど、そんな子どもたちだって、これからの50年間おカネを稼ぎ、使い、投資するための金融スキルを持ち合わせているのかな？　だれがそれを教えてくれるんだろう？

　ぼくが知るかぎり、だれも教えていないようだし、調査からもそれは明らかだ。

　おカネの話は、退屈でもなければ、気後れするようなものでもないし、すごく複雑ってわけでもない。知っておくべき基本原則は単純だし、わかりやすいイラストつきなら、どこの国の若い人たちだって、おカネや投資や株式市場のすべてが理解できるはずなんだ。

　それに実は、親のほうにも学ぶことはたくさんある。表向きはこの本を子どものために買うことにして、こっそりと自分で読む親もいるかもしれないね。大人だって金融のことをあんまり知らないんだから。

　この本は、13歳になる息子のトレントに、おカネと投資の基本を教えてあげるために何ページか書こうと思ったのがきっかけだった。10ページくらいのつもりでいたら、こんな本ができあがった。トレントのいとこで、高校生のカイルが、100のトピックについて、165枚ものイラストを描いてくれた。この100のトピックは、トレントにちょうどいいと思って選んだものだ。

　それでは、行ってみよう。おカネと投資と株式市場の世界への旅に、いざ出発だ。

読者へのおしらせ

　この本を書きはじめてすぐ、人を表すのに「彼と彼女は」とか、「彼に対して、また彼女に対して」とかいうふうに、いつも男性と女性の両方を入れようとすると、すごくややこしくなってしまうことに気がついた。そこで、ぼくら男女同数の編集チームは、どちらか一方に決めて、最後までそれで通そうと決めた。
　カトリックの司祭とプロテスタントの牧師とユダヤ教のラビに見守られてコイントスを行った結果、「表」が出たので、男性に決まった。コイントスでたまたまそうなっただけで、男性のほうが金融に向いているってわけじゃない。実際、おカネの扱いは、女性のほうがはるかに上手かもしれないね。

謝辞

　この本のイラストを描いてくれたのは、カイル・ビアンキ君だ。まだ17歳だけど、ものすごく才能のあるアーティストだ。ぼくがメールで送った説明をもとにして、ひとつひとつイラストを描いてくれた。カイルはコンセプトをすぐに理解して、ぼくが思い浮かべていた絵柄をそのまま表現してくれた。しかも、びっくりするほど仕事が早いんだ。カイル、ありがとう。
　最後に、最愛の妻でありトレントの献身的な母親、ジュリアの支えと励ましがなければ、この本は完成しなかった。この世界をよりよいものにしようといつも努力してくれる彼女に、感謝している。

「ブルーチップ・キッズ、
離陸します」

もくじ

まえがき 006
読者へのおしらせ 008
謝辞 008

第1章 カネ、カネ、カネ 019

- 旅の始まり
- 世界のおカネ —— 同じものはひとつもない
- ユーロ——ってなに?
- 為替レートと外貨両替
- おカネを稼ぐためのいろいろな方法
- ビットコイン

第2章 おカネのいろいろな支払い方 046

- 銀行口座
- オンライン支払い
- インターネット・バンキング
- クレジットカード
- デビットカード
- 送金

第3章 株式市場はかっこいい 056

- 株式市場と証券取引所:なにがちがうの?
- 株式市場ってなに?
- ウォール街と株式市場
- 株(Stock)
- 株券(Stock Certificate)
- 時価総額
- ビッド(買い値)/アスク(売り値)/スプレッド(買い値と売り値の差)
- 自由市場とバリュエーション
- 株の売り買いはいつできるの?
- 株式指標
- 新規株式公開(IPO)
- 証券取引委員会
- 市場調整
- 市場ラリー(上昇)

第4章 株を売買してみよう 085

- 押し目買い
- ブル(強気)とベア(弱気)
- 評価益(Paper Profit)と評価損(Paper Loss)
- リスク・オンとリスク・オフ
- 株式チャート
- 相場の天井
- 相場の底
- 株価レンジ

- ロング（買い持ち）
- ショート（空売り）
- 超高速取引（HFT）
- フル投資
- レバレッジ

第5章 オプション
（知ってると友だちに自慢できるよ！）

- オプション：コールとプットの世界
- オプションってどんなしくみ？
- オプション償還期日：
  いつか必ず期限が切れる
- プット（売る権利）
- プットについて、もうちょっとくわしく
- アウト・オブ・ザ・マネー：プットオプション
- コール（買う権利）
- コールについて、もうちょっとくわしく
- アウト・オブ・ザ・マネー：コールオプション
- 裸（ネイキッド）のコールオプション
  （え？いま「ハダカ」って言った!?）
- オプション取引

第6章 ファンド
（めちゃくちゃ大きな
おカネの停留所）

- ファンドってなに？
- インデックス・ファンド
- ミューチュアル・ファンド
- ヘッジファンド

第7章 債券と譲渡性預金（退屈だと思ったら大まちがい！）

- 債券 (Bond)
- 利回り (イールド)
- 中期国債 (Treasury Note) と長期国債 (Treasury Bond)
- ベーシスポイント
- 譲渡性預金 (CD)

第8章 企業分析（マジで、これをやるとすごく賢くなれる）

- どうやって企業を分析したら、株を買うかどうか決められるの？
- 株価収益率 (PER)

- 償却前税引き前利益（EBITDA）
- 市場シェア
- 決算発表期
- 業績予想（ガイダンス）
- 配当
- 特別配当
- 自社株買い
- 透明性
- 上場企業（Public Company）vs 非上場企業（Private Company）
- 52週移動平均

第9章 おカネを借りる
（絶対に、借りすぎないこと！） 170

- 住宅ローン
- 償還
- 信用格付けと不動産以外のローン
- 債務不履行（デフォルト）
- 破産
- LIBOR（ライボー）

第10章 金利
（寝てるあいだに儲けよう） 184

- 単利
- 複利
- APR（実質年利）

第11章 純資産
（君の持ち物の価値は？）

190

- 資産（Assets）
- 負債（Liabilities）
- 純資産（Net Worth）
- 資産および収支報告書
- オマハの賢人

第12章 税金
（安ければ安いほどいいね）

196

- 総収入（Gross Income）
- 純利益（Net Income）
- 税金
- 所得税
- 固定資産税
- 消費税
- キャピタルゲイン税
- 社会保障税

- 金利への税金
- 配当への税金
- 監査

第13章 経済（ビジネス中のビジネス） 207

- 連邦準備制度（FEDとFRB）
- GDP（国内総生産）
- 予算
- 政府の財政
- 国の借金
- 赤字と国家債務：
  だからなに？ 投資とどう関係があるの？

第14章 ベンチャー・キャピタルとプライベート・エクイティ（大きく賭けて、大きく儲ける） 218

- ベンチャー・キャピタル（VC）
- プライベート・エクイティ（PE）

第15章 おカネに賢く (クラスでいちばんになろう!) 225

- 引退に備える
- 君たちの使命
- 君はもうおカネの賢人だ!

第16章 これでおしまい ——じゃなくて、これが始まり 231

- お断り 233

著者について 234
訳者あとがき 236

第 1 章

カネ、カネ、カネ

おカネには、いろんな形、大きさ、色のものがある。
おカネは世界中を飛びまわっていて、
いまではコンピュータのボタンひと押しで
消滅させることもできる。

旅の始まり

いまどきは、なにをするにもおカネがかかる。

生まれてくるだけでも、おカネがかかる。病院にも、お医者さんにも、看護師さんにもおカネを支払わなくちゃならない。この世に誕生した瞬間に、君のお世話をしてくれる人たち全員に、おカネを支払う必要があるんだ。その請求書をだれかが受け取らなくちゃならないし、それはけっこうな金額になる。

　死ぬのにも、おカネがかかる。人生の最期にお世話になるお医者さんや看護師さんに。そして死んだあとのお葬式や埋葬に。それも決して安くない。

　この地上に生まれ出た瞬間から、最期の最期まで、なにをするにもおカネが必要だ。食べもの、着るもの、住むところ、学校、車、保険、旅行、電気、ケーブルテレビ、スマホ、パソコン、ガソリン、芝刈り、家具、ボート、家族へのプレゼント、そのほかに思いつくかぎりのもの全部。酸素がなければ息ができないのと同じで、おカネがないと生きていけない。とにかく、おカネは必要なんだ。

　人生のなかで、おカネを稼ぐにはいろいろな方法がある。自分で会社を始めることもできるし、サラリーマンになってもいい。株や債券を売買するのもいいかもしれない。どんな方法かはさておき、そのうち君たちもおカネを稼ぐようになるだろう。そこで、いつも覚えていなければいけないこと、絶対に忘れてはいけないことがある。

　それは、**自分が稼げる収入の範囲で生きていかなければならない**、ということだ。

収入の一部は貯金しなくちゃならない。全部使ったらダメなんだ。銀行口座におカネを貯めて、収入がなくなったときや、思いがけない出費に備えないといけない。これは、絶対に守るべきルールだよ。

実際にはそんな余裕はないはずなのに、大金持ちみたいなゴージャスな暮らしにはまってしまう人はすごく多い。バカでかいおうちとか、バカ高い車とか、ボートとか、宝石とかにはまってしまうんだ。しょっちゅう旅行して、稼いだはしからあっという間に使い切ってしまう。

　いちばん収入の多いときの暮らしに慣れ切ってしまう人もいる。そうなると、もっと始末に負えない。ある年にすごくおカネを稼いだら、銀行に行って、もっとたくさんおカネを借りて、バカみたいにぜいたくな暮らしを続けようとしちゃう。そんなふうに暮らしていたら、いずれ必ず、家計が破綻してしまうのに。絶対にそんなことはしちゃいけないよ。

貸し付け係

　身の丈に合った暮らしをしよう。おカネを賢く使い、必ず定期的に貯金すること。そのうちに、こんなに貯まったのかと、自分でも驚くことになる。

　貯金があれば、将来どんな嵐がやってきても備えになるか

ら安心できる。それに、支払いの心配も減る。**きちんと貯めて、出費をなるたけ抑えられるような大人**にならなくちゃ。そう、収入の範囲内で生活をしないといけないんだ。

世界のおカネ――同じものはひとつもない

　おカネのもうひとつの呼び方は、「**通貨（currency）**」っていうんだ。呼び方はちがうけど、同じものだよ。

　ほとんどの国には、その国の通貨がある。日本の通貨はもちろん「円（yen）」だよね。でも、自分の国の通貨を持たずに、ほかの国の通貨を使っている国もある。

　次のページで、いま世界で使われているいろいろな通貨を紹介するね。色とりどりですごくきれいだし、その国の大切な人や出来事が描かれている。

アメリカの通貨は、「**ドル（dollar）**」って呼ばれてる。特殊な紙を使っていて、ワシントンDCにある米国財務省がこれを発行してるんだ。みんな1ドル札は見たことがあるかな？

米(アメリカ)ドルは、世界中でいちばんたくさんの人に使われている通貨だよ。国際的な取引では、ほかのどんな通貨よりも、ドルが使われることが多い。

　たとえば、こんな例を考えてみよう。日本で自動車をつくっている会社が、アメリカの人に車を売りたい場合、日本の自動車会社はどの通貨で支払ってもらいたいかな？　ドルかな？　それとも円かな？

　この手の取引は、だいたいドルで支払われたり、決済されたりする。全部がそうじゃないけど、ほとんどがドルだと思っていい。世界でいちばんたくさん使われてる通貨だからね。

　じゃあ、中国の会社が日本の人に洋服を売るときはどうだろう？　中国の会社にはどの通貨で支払ったらいいだろう？　元かな？　円かな？　それともドルかな？

　答えは、時と場合によるんだ。売り手と買い手のあいだで、どの通貨で支払うかを決めていい。どんな通貨でもかまわないんだ。

　要するに、世界にはたくさんの国が発行するたくさんの通貨があって、毎日それを使ってモノを買っているってこと。世界共通の通貨なんてないんだ。

ユーロ——ってなに？

　世界共通の通貨はないって言ったけど、地域共通の通貨はある。世界のある地域でいくつかの国が一緒になって、そこではそれぞれの国がちがう通貨を使うよりも、ひとつの同じ通貨を使ったほうがいいって決めてるんだ。

　たとえば、いちばん有名なのは「**ユーロ（euro）**」だ。ユーロは、もちろんヨーロッパ（Europe）っていう言葉からきている。ヨーロッパのいくつかの国が共通の通貨として使っているのが、ユーロだ。

　ユーロができたのは1999年だけど、2002年まではあまり使われていなかった。いまでは、「**ユーロ圏（Eurozone）**」って呼ばれる19の国で使われている。2016年にユーロ圏に入っている国をここに書き出してみるね。

1. オーストリア
2. ベルギー
3. キプロス
4. エストニア
5. フィンランド
6. フランス
7. ドイツ
8. ギリシャ
9. アイルランド
10. イタリア
11. ラトビア
12. リトアニア
13. ルクセンブルク
14. マルタ
15. オランダ
16. ポルトガル
17. スロバキア

❶⓼　スロベニア
❶⓽　スペイン

　ユーロができる前は、ユーロ圏でもそれぞれ自分の国の通貨を使っていた。
　オーストリアはシリング。ベルギーはフラン。キプロスはポンド。エストニアはクローン。フィンランドはマルッカ。フランスはもちろんフランだ。ドイツはマルク。ギリシャはドラクマ。アイルランドはポンド。イタリアはリラ。ラトビアはラッツ。リトアニアはリタス。ルクセンブルクもフラン。マルタはリラ。オランダはギルダー。ポルトガルはエスクード。スロバキアはコルナ。スロベニアはトラール。そしてスペインはペセタだった。
　昔はこれらの国の人も、ほかの国に行ったら、行き先の国の通貨に**交換**しないと、ものが買えなかった。すごく面倒くさくて、しばらく考えないとわからない場合もあった。自分の国のおカネが相手の国のおカネにするといくらになって、どのくらいのものが買えるのかを考えなくちゃならなかったんだ。おもしろいけど、ややこしかった。
　いまはユーロがあるから、もう考えなくていい。どの国でもユーロを使うことができるからね。簡単になったんだ。
　でも、念のために言っておくと、**ユーロ圏以外の国**から行ったときには、自分の国のおカネをユーロに替えないといけない。たとえば、アメリカからフランスへ旅行に行って、100ドルをユーロに替えたかったら、銀行か両替所に行って100ドルを渡せば、それと同じ価値のユーロをもらえる。

　100ドル渡したらいくらのユーロをもらえるかを計算するために使うのが「**為替レート（exchange rate）**」で、これはいつも変動している。だから、今日替えてもらえるおカネと、明日もらえるおカネが同じとは限らない。

　以前は、1ユーロが90セントのこともあった。いま（この本を書いている時点で）は1ドル11セントだ。ってことは、ユーロがドルに対して高くなった、または強くなったとも言える。だって、前は90セント払えば1ユーロもらえたのに、いまはもっとたくさんドルを払わないと1ユーロをもらえないわけだからね。

　もし明日、1ユーロの値段が90セントに下がったら、ド

ルに対してユーロが安くなったということだし、ドルが強くなったとも言える。通貨はいつもほかの通貨に対して上がったり下がったりしていて、為替レートもそれにつれて変わり続けてるんだ。

　ユーロという通貨をつくることについては、すごくいろいろな議論があった。賛成の人も反対の人もいたんだ。さっきの19カ国はおそらくユーロを使い続けると思うけれど、そもそもそれがよかったのかどうかについては、まだいろいろな意見があるだろう。

為替レートと外貨両替

　もし君がアメリカに住んでいて、トヨタの車を買いたかったら、どうするだろう？　トヨタのディーラーに行って、欲しい車を選び、値段を確認するよね。

　じゃあ、君の欲しい車の値段が、税込みで2万5000ドル

だったとしよう。しかも、たまたま2万5000ドルの現金を持っていたとしよう。ディーラーにその現金を渡して、新しい車のキーをもらったら、めでたしめでたしだ。

　今度は、カナダに住んでいる友だちが、君が買ったばかりの車とまったく同じ車を欲しがっているとしよう。その友だちはどうするだろう？　君がしたみたいに、近くのトヨタのディーラーに行って、車を選び、現金を渡すよね。

　だけど、そのカナダ人の友だちは米ドルを持っていないんだ。カナダドルで支払おうとする。すると、2万7500カナダドルを支払わなくちゃならない。なぜかって？　米ドルだと2万5000ドルなのに？　それは、米ドルとカナダドルの価値が**ちがう**からだ。1カナダドルは、米ドルよりも10%価値が低いんだ。だから、カナダ人の友だちは**まったく同じ車**を買うのに、**より多くの**カナダドルを使わなくちゃならない。

　こんなふうに、米ドルとカナダドルの価値をくらべたものが、「為替レート」と呼ばれる。1米ドルで、同じ価値のカ

ナダドルがいくら手に入るだろう？　反対に、1カナダドルで、同じ価値の米ドルがいくら手に入るだろう？

　ぼくがこの文章を書いているいま現在、カナダドルは米ドルよりも10％価値が低い。だから、だれかが君に1カナダドルをくれて君の米ドルと交換しようとすると、彼は90セントしかもらえない。逆に君がカナダ人に1米ドルをあげると、そのカナダ人は君に1ドル10セントのカナダドルを渡さなくちゃならない。1米ドルは、カナダドルより10％価値が高いからだ。わかったかな？

　いろいろな国の通貨を毎日、毎分、毎秒、売ったり買ったりしている人もいて、儲けることもあれば損をすることもある。でも、それはまた別の話だ。いまのところ君が知っていなくちゃならないのは、いろいろな国がそれぞれ通貨を発行していて、その価値はみんなちがっているし、お互いに対し

ていつも上がったり下がったりしているということなんだ。

いまこの瞬間に、君が1米ドルをメキシコの通貨に交換すると、13ペソを受け取ることができる。ブラジルの通貨に交換すると、2レアル。コロンビアの通貨に替えると、え〜っと、う〜んと、2000コロンビアペソになる。ロシアの通貨に交換すると、35ルーブル。ってな具合で、きりがない。

空港に行ったことがあれば、小さな窓口があってガラスの向こうに人が座っているのを見たことがあるはずだ。そこで、君のおカネを外国の通貨に交換してもらえる。

窓口の人は君からおカネを受け取って、同じ価値の別の国の通貨を君に渡すだけだ。

じゃあ、外貨両替所の人は、君にいくら渡すかがどうしてわかるんだろう？　窓口の人は、**外国為替取引所**（international currency exchange）の為替レートをコンピュータで見て、それに自分たちの手数料を上乗せする。だから実は、君が受け取る金額は、渡したおカネの価値よりすこし少

なくなってしまう。でもそれは、おカネを交換してくれる人が会社に雇われていて、君がその便利なサービスを受けているからだ。その会社は社員に給料を払い、管理の費用も支払って、そのうえに利益を出さなくちゃならない。

　ブルームバーグ・ドットコムや日経新聞のサイトを見れば、いつでも最新の為替情報がわかるよ。同じ情報を載せているウェブサイトは、ほかにもたくさんある。

おカネを稼ぐためのいろいろな方法

　おカネを稼ぐ方法はたくさんある。ここではその一部を紹介するね。

❶　お隣に住んでいる人から、1000円あげるから芝生を刈ってほしいと頼まれたとしよう。君がそれでいいと言ったら、芝生を刈り終わったあとに、お隣さんは1000円くれるよね。これが、なにかやってあげたことへの**サービス料**ってやつだ。

　つまり、君はある仕事をやって、そのことに対してお

カネをもらって、それで終わりになる。一度のサービスに、一度おカネをもらう。**固定料金**ともいう。仕事の前に料金を決めて、仕事が終わったらそのおカネを支払ってもらうやり方だ。

❷ ある会社に雇われて、1時間あたり3000円で働くことになったとしよう。1週間に40時間働くと（1日8時間で週5日）、週の終わりに12万円もらえる。これが**時給**というもので、時給をもらって生活している人はすごくたくさんいる。

❸ だれかに雇われて、**年収**をもらう場合もある（1年分のお給料を先に決めて、1年間ずっと働くというやり方だ）。年収は、働いた時間に関係ない（もちろん、クビにならないためには、一所懸命働かないといけないけどね）。たとえば、君の年収が400万円だとすると、12カ月にわたって毎月約33万3000円もらえるということだ。それを全部足すと、400万円になる。つまり、その年の**収入の合計**（大人っぽくいえば「総収入」っていう）が400万円になる。

1月	2月	3月
4月	5月	6月
7月	8月	9月
10月	11月	12月

年収400万円

❹ 時給でも年収でもない働き方もある。君が毎年どれだけの売上を会社にもたらしたかによって、君の収入が決まるというやり方だ。たとえば君が、新築の高層マンションの部屋を売るために雇われて、マンションの開発会社は君の1年間の販売合計額の5％を君に支払うことを約束したとしよう。

　これが、「**手数料（commission）**」と呼ばれている支払い方だ。手数料は、**君が販売した合計額の一定の割合**だ。もし君の1年間のマンション販売の合計額が100億円で、手数料の割合が5％なら、君の収入は100億円の5％、つまり5億円になる。もし1戸も売れなかったら、なにも支払ってもらえないけれど、たくさん売れば、君の収入はすごく多くなる。

❺ もうひとつのおカネの稼ぎ方は、**成功報酬**というもので、弁護士さんはこの形式が多い。成功したらおカネをもらえて、失敗したらもらえない、という意味では、手数料と似ているね。

成功報酬の場合、弁護士さんは依頼者（クライアン

ト）から雇われて、必要な時間をかけてその争いを解決し、依頼主が受け取るおカネの一定の割合を、成功報酬として受け取る。言いかえると、その報酬は、争いがどんな結果になるかによってちがうってことだ。依頼主がおカネを回収できなければ、弁護士さんには報酬が入らない。たとえば、1000万円を受け取って和解して、弁護士さんの成功報酬が30％なら、その弁護士さんがその件で受け取る収入は300万円になる。

❻ 手数料やお給料をもらうのではなく、自分で会社を始めて、その会社の価値を上げて、何年もたってから**その会社を売って**たくさんのおカネを手にする人も多い。そんな場合には、自分の会社を売ったときに一度に全部のおカネが入ってきて、オーナーは「キャッシュ・アウト（現金を回収）」できる。最近では、そういうことがよくある。グーグル、フェイスブック、ツイッター、ワッツアップなんかは、創業者が自分の会社の一部か全部を売って、たちまち億万長者になったいい例だ。

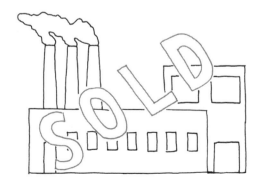

❼ いままでのいろんな方法を組み合わせておカネを稼いでいる人もいる。そのいい例が、ヘッジファンド（6章でくわしく説明するよ）の運用者だ。

　お金持ちはよく、ヘッジファンドに自分たちのおカネの一部を投資している。ヘッジファンドっていうのは、相場が上がっても下がってもおカネを儲けられるように証券に投資して、損失を「ヘッジする（避ける）」（でも、思いどおりにいかないこともあるし、失敗してつぶれてしまうこともけっこうある）。

　ヘッジファンドの運用者（ファンドマネジャー）は、固定の手数料と成功報酬の両方を受け取るんだ。固定手数料はふつう、ファンドへの投資金額の2%だ。そのうえに成功報酬を受け取るわけだけど、これは投資家の得る利益の20%という場合が多い。これが、「**2の20**」と呼ばれるルールだ。腕ききのファンドマネジャーは、す

ごくたくさんおカネを儲けられる。

❽ コンサルティング料金という形式もある。コンサルタントは、ふつうはなにかの専門家で、特定のビジネスの問題についてクライアントに助言を与えるために雇われる。

　コンサルタントは、たいてい固定の料金に自分たちの出費を上乗せして、クライアントに請求する。たとえば、君が新しい会社を立ち上げて、マーケティングコンサルタントを雇ったとしよう。君の会社をどう目立たせるか、ウェブ上でどう位置づけるか、どうやってお客さんを呼び込むか、といったことをアドバイスするのが、コンサルタントの仕事だ。コンサルタントは、君にアドバイスをするかわりに、あらかじめ合意した料金をもらい、使った費用も返してもらう。

❾ だれかのお世話をして**チップ**や**サービス料**をもらう人もいる。もし海外旅行をしたことがあったら、アメリカや

ヨーロッパのレストランのウェイターさんやウェイトレスさんは、その代表だね。

　ウェイターさんやウェイトレスさんの時給はだいたいすごく低いから、お客さんがくれるチップやサービス料は自分がもらっていい。ある意味で、チップは成功報酬や手数料と同じで、売り上げた金額の一定の割合になっている（ふつうは10〜20％くらい）。チップやサービス料は昔からある習慣で、それに頼って生活している人がアメリカにはたくさんいるんだ。

❿　**モノを交換**して、おカネを儲けるという方法もある。君が欲しいモノをだれかが持っていて、そのだれかの欲しいモノを君が持っているとしたら、君とそのだれかはモノを交換できる。

　たとえば、あるクラシックカーのディーラーが、君の

持っている1942年製のロールスロイスを引き取って、君が前から欲しがっていた1975年製のフェラーリと交換することに合意したとしよう。君もディーラーも、それがすごくいい取引だと思えば、交換は成立する。

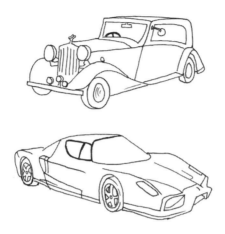

ディーラーはそのあと、以前からロールスロイスを欲しがっていたお客さんに君のロールスロイスを売って、そのおカネで必要な経費を支払う。歯を治療するおカネのない塗装屋さんなら、歯を治療してもらうかわりに歯医者さんのおうちを塗装することもできる。もしお互いがそれでよければ、どちらも自分の欲しいモノが手に入るっていうわけだ。

現金がなくても、なにかと交換することでモノやサービスを手に入れることはできる。おカネじゃなくて、モノとモノを交換するっていう考え方は、何千年も前からあるんだよ。

ビットコイン

　このところの金融ニュースに注意していれば、おそらく**「ビットコイン（Bitcoin）」**についていろいろな話を聞いているだろう。でも、ビットコインっていったいなんだろう？ それに、なぜぼくがわざわざこの話を持ち出したんだと思う？

　ビットコインは、ナカモト・サトシという人と少人数の仲間たちが、2009年につくったといわれている、電子通貨の一種だ。伝統的なおカネを使わずに、オンラインで支払いができるような、世界共通の方法を確立するのが目的らしい。

　ぼくたちの知っているこれまでの通貨は、政府がつくって発行してきたものだ。そうした通貨は、発行国の「**全面的な信用と信頼**」に裏づけられていて、支払いの手段として世界中で正式に認められている。ビットコインをつくった人たちは、それを全部変えたいと思っていて、正式な支払い手段としてビットコインを認める企業も増えている。

　とはいっても、ビットコインには規制が及ばないので、犯罪につながると考える人もいるんだ。たとえば、2013年10月に、FBI（アメリカ連邦捜査局）は、ビットコインの取引サービスだった＜シルクロード＞を閉鎖して、2300万ドル相当のビットコインを押収した。

　いまこの時点では、ビットコインはすごく変動が激しいので、買うとしてもかなり慎重に考えたほうがいい。このトピックを入れたのは、電子通貨がおそらくこれからも存在し続けると考えたからだ。それに、君の一生のあいだに、またいつかビットコインと同じような新しい世界共通の通貨が生み

出され、慎重に規制されて、いまぼくたちが使っている通貨すべてに取って代わるかもしれないことを伝えたかったからだ。それがどうなるかは、先になってみないとわからない。

第2章 おカネのいろいろな支払い方

昔は簡単だった。
なにかを買うには、現金を支払うしかなかった。
いまはいろいろな方法がある。
小切手。クレジットカードとデビットカード。
オンライン支払い。銀行送金。
最近では、アップルペイもあるよね。

銀行口座

　日本ではあまりなじみがないかもしれないけれど、アメリカでは「小切手」っていうものによる、銀行口座からの支払いはとても一般的だ。ここですこしくわしく説明するね。

　毎日のおカネの出入りを管理する口座が当座預金だ。お給料やそのほかのおカネがここに振り込まれたり、ここからなにかの支払いをしたりする。小切手を振り出すのも当座預金口座だ。

　アメリカでは、請求書がきたら、毎月支払い先に小切手を書いて送る人は多い。電気代は電力会社に。水道代は水道局に。芝刈りの職人に。料理や温水に使うプロパンガス代はガス会社に。保険料は保険会社に。エアコンの修理会社に。ビザやアメリカン・エキスプレスといったクレジットカード会

社に。などなど。

　小切手を書くのにはちょっと時間がかかるけど、自分が使うおカネを記録するには、ちょうどいい。小切手を書き終わったら、**小切手帳**に記録を残す。支払い先、小切手番号、支払い日、金額が永遠にここに残るんだ。

　小切手帳は支払いと預け入れの記録だ。**入ってくるおカネ**と、**出ていくおカネ**。どれだけのおカネを受け取って、どれだけを使ったかを注意深く記録していれば、使えるおカネがどれだけあるかを正確に知ることができる。

　ここに小切手帳のコピーを載せるね。

NUMBER OR CODE	DATE	TRANSACTION DESCRIPTION	PAYMENT AMOUNT	✓	FEE	DEPOSIT AMOUNT	$10,000.00
1	7/2	Blue Chip Kids Airlines	400				9,600
2	7/3	Credit Card payment	600				9,000
3	7/7	Electric bill	300				8,700
4	7/8	Car Insurance	200				8,500
5	7/10	Lawn guy	100				8,400
	7/10	Deposit - pay check				700	9,100
	7/11	Wire transfer to E Trade	2,000				7,100
6	7/20	Rent	900				6,200
	7/22	Deposit - pay check				700	6,900
7	7/30	birthday gift card	200				6,700
8	8/1	Water bill	150				6,550
9	8/3	Deposit - dividend check				400	6,950

　口座にある君のおカネを、口座**残高**(ざんだか)という。入ってきたおカネで支払いを済ませたあとに残った金額のことだ。

　銀行口座に自分のおカネが正確にいくらあるかをいつもわかっていないといけない。これがいいかげんだと、**借越し**(かりこし)、つまり実際の残高よりも多い金額の小切手を書いてしまうことになる。そうなったら、君の書く小切手には価値がなくなって、すごく恥ずかしいことになる。そのうえ、銀行から借

越しの罰金をとられて、君のだらしなさのために損をしてしまうんだ。

オンライン支払い

ついこのあいだまで、**オンライン支払い**なんてものはなかった。だけどいまではみんなが使っているね。

（小切手を書く代わりに）コンピュータを使えば、オンラインで公共料金など毎月の支払いができる。コンピュータが君の銀行口座から、支払い先のだれかの口座に直接おカネを送ってくれるんだ。この方法を使う人はすごく増えている。

あらかじめ**自動引き落とし**を設定しておくこともできる。つまり、君の口座から毎月自動的に、おカネがだれかに送られるようにするってことだ。一度設定しておけば、口座に十分な残高さえあれば自動的に支払いが行われる。

自動引き落としを設定するには、毎月君が料金を支払っている会社の引き落とし書類に書き込まなくちゃならない。たとえば電力会社の書類に必要事項を書き込めば、毎月決められた日に口座から自動的に利用料金が引き落とされるように

設定してもらえる。

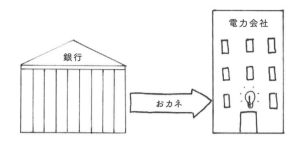

　自動引き落としにすると、オンラインで24時間365日、支払い金額や支払い日時をチェックすることもできる。

インターネット・バンキング

　インターネット・バンキングなら、わざわざ銀行に行かずにおカネの預け入れや送金ができる。パソコンやスマホからそれができるんだ。

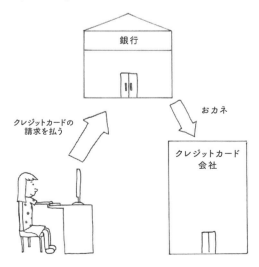

これによって、銀行のあり方ががらりと変わってきた。すごく時間が節約できるようになったんだ。

クレジットカード

クレジットカードは、クレジットカード会社が発行するもので、現金（や小切手）がなくてもこれでモノが買えるんだ。

アメリカでいちばん利用者が多いクレジットカードは、ビザとマスターカードとアメリカン・エキスプレスだ。3社とも上場していて、ニューヨーク証券取引所（NYSE）で株式が取引されている。

買い物のときにクレジットカードを使うと、レジで読み取り機にカードを通される。すると数秒のうちに2つのことが起きる。

❶ 君のカードが有効で、なんらかの理由で使えなくなっていないことをコンピュータがたしかめる。

❷ 買い物の代金が君のクレジットカードに記録される。そうなると、翌月の請求書にこの記録が載って、君はクレジットカード会社にその代金を支払う（アメリカでは小切手かオンライン、日本では口座からの自動引き落としによる支払いが一般的だ）。

　クレジットカードを使う場合、君が請求書の金額を支払うまでは、実際にはクレジットカード会社が代金を立て替えている。たとえば、君が3月2日にビザカードで4万円の食器洗い機を買って、4月2日まではクレジットカード会社にその代金を支払わなくていいとしよう。その場合、ビザが30日間、君の4万円を立て替えているということなんだ。

　世界中のすべてのクレジットカード利用者が毎日使う利用額となると、どれほど大きな金額になるかを考えてみてほしい。クレジットカード会社は、代金を回収する前に、ものすごい額のおカネを前払いしている。だけど、発行会社にとってクレジットカードはとても大きな収入源だし、できるだけ多くの人にカードを使ってもらおうと、あの手この手で努力している。

　クレジットカード会社は、君が買い物をする店から、カードの利用金額のおよそ2〜3％の手数料を受け取る。たとえば、君が自然食品の店でビザカードを使って食料品を1万円分買うと、店はビザから9800円を受け取って、ビザが手数料として200円受け取ることになる。

　ビザやほかのカード会社が、世界中のクレジットカードで

の買い物から毎年受け取る2%を合計すると、ものすごい金額になる。

クレジットカード会社のもうひとつの大きな収入源は、**金利**だ。利用者が一括払いで支払わない場合には、金利がかかる。

クレジットカードの利用残高が未払いで持ちこされると、すごく高い（12%かそれ以上の）金利がその場で発生して、その金利はそのままクレジットカード会社の収入になる。

クレジットカードは、みんなにとってすごく都合がいいものだと思われているよね。お店はお客さんが払った値段のおよそ98%を、その場で受け取れる。クレジットカード会社は、手数料と金利の両方をもらえる。お客さんはたくさんの現金を毎日持ち歩かなくてもいい。

クレジットカードのもうひとつのいい点は、カード会社が利用明細を送ってくれるので、毎月どれだけ買い物をしたか

が正確にわかることだ。利用明細を見れば、自分のおカネの使い方がよくわかる。

　アップルはいま、アップルペイという方法で、このビジネスに参入している。アップルペイを使えば、クレジットカードはいらなくて、アップルのデバイスでおカネを支払うことができる。みんながこれを使うようになる日は近いかもしれないね（現在使えるのは、アメリカ、カナダ、イギリスなど15カ国だ。日本でも2016年に始まったね）。

デビットカード

```
デビットカード

カード番号：　　16X30P49965
カード名義人：　Blue Chip Kids
有効期限：　　　12/31/16
```

　デビットカードは、一見クレジットカードみたいだけど、全然ちがうんだ。デビットカードを使うと、おカネが自動的に君の銀行口座から**引き落とされる**。口座に残高がなければ、デビットカードは使えないし、買い物もできない。クレジットカードはそうじゃない。銀行口座におカネがなくても、クレジットカードを使って買い物はできる。月末にクレジットカードの請求書がきたときにおカネがあれば、代金を支払うことができる。

　デビットカードは**その場で支払うのと同じ**なんだ。そのと

きに口座にあるおカネで買い物をしているということだ。

送金

人から人におカネを動かすには、いくつかの方法がある。

❶　現金を手渡しする
❷　小切手を送る
❸　その人の口座に**送金**する

　昔は「**電信**」送金（*wire* transfer）なんて言っていたけど、それは古い言い方だね。
　別の町にいる人に現金を送りたい場合は、地元の銀行に行けば、送金してくれる。窓口の人に現金を渡すと、窓口の人がおカネを送る町の支店に電信を送り、その支店の窓口の人が、相手の人に現金を渡してくれる。だから電信送金、って

呼ばれるようになったんだ。

　いまではこれは**電子送金**って呼ばれてる。電子的に口座から口座におカネが送られるからね。実際には電子的に送られていても、いまでもまだ電信送金って呼ばれることも多い。

第3章 株式市場はかっこいい

世界にはたくさんの株式市場があって、
みんなだいたい同じように運営されている。
君がこの本を読んでいるあいだにも、
たくさんの人が株を売ったり買ったりして、
おカネを儲けたり損をしたりしているんだ。

株式市場と証券取引所：なにがちがうの？

　株式市場（stock market）と株式取引所（stock exchange）のちがいについて、まずは説明しよう。

株式市場ってなに？

　株式市場とは、秩序にのっとって株を売ったり買ったりするためにつくられた場所だ。難しいことはなにもない。
　たとえば、君がアップル社の株を100株持っているとして、株式市場がなかったら、どこでその株を売ればいいんだろう？　知り合いに電話をかけて、君の株を買いたいかどうか聞かなくちゃならない。それはすごく不便だよね。それに、買ってくれそうな人がいても、いくらで売ればいいのかわからない。買い手のほうも、ほかの人たちがどのくらいの値段

で買っているかわからない。するとすごく面倒だよね。

そんなわけでアメリカの建国間もないころから、株式を秩序正しく売ったり買ったりする場所は必要とされていた。

1792年5月17日、24人の株式ブローカー（仲買人）が、ニューヨークのウォール街にあるスズカケの木の下に集まって、「**スズカケ協定**」に署名した。それがきっかけで、のちの**ニューヨーク証券取引所（NYSE）**が生まれた。このときに、アメリカでいちばん古くていちばん有名な取引所ができたんだ。

ウォール街と株式市場

ニューヨーク市には、本当に「ウォール」という名前の通りがある。大きな通りじゃないけど、世界中でいちばん有名

な通りのひとつだよ。ロウワー・マンハッタン（マンハッタンの南の端）の、金融街の中心地に、その通りはある。

　世界有数の銀行や証券会社がウォール街周辺に集まっていて、ニューヨーク証券取引所もここにある。証券取引所というとみんながすぐに思い浮かべるのが、このNYSEのイメージだ。ここでは、見学ツアーもある。

　でも、これ以外にも証券取引所は世界中にたくさんあるし、アメリカだけでもいくつもあることは、知らないかもしれないね。投資家が株や債券を毎日売り買いする、世界中の主な証券取引所のいくつかをここで紹介しよう。

○ニューヨーク証券取引所（アメリカ）

　ニューヨーク証券取引所には、2308社の企業が上場して

いる。取引される株式の市場価格の合計（時価総額）で、ここは世界一大きな証券取引所だ。アメリカの伝統的な大企業のほとんどは、ニューヨーク証券取引所で取引されている。AT&Tも、IBMも、ゼネラル・エレクトリック（GE）も、ゼネラルモーターズ（GM）も、フォードも、キャタピラーも、ダウ・ケミカルも、シティグループも、ビザも、ボーイングも、ウェルズ・ファーゴもそうだ。君がこうした会社の株を売ったり買ったりする場合、その取引はニューヨーク証券取引所で行われる。2013年にはツイッターもここに上場した。

○ NASDAQ：ナスダック（アメリカ）

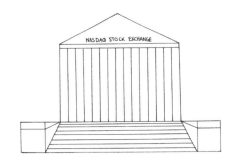

　ニューヨーク市にはもうひとつ、すごく大きな証券取引所がある。1971年に開設されたナスダックで、いまでは2700社が上場している。ナスダックは世界で2番目に大きな証券取引所だ。ナスダックに上場して株式が取引されている有名企業には、アップル、グーグル、アマゾン、フェイスブック、マイクロソフト、テスラなどがある。

○東京証券取引所（日本）

　時価総額で世界第3位の証券取引所は、東京証券取引所だ。ここには約2500社が上場し、その株式が売買されている。

○ロンドン証券取引所（イギリス）

　ロンドン証券取引所は1801年に創立されて、60カ国からおよそ3000社が上場し、株式が取引されている。世界で4番目に大きな証券取引所だ。

◯ユーロネクスト（ヨーロッパ）

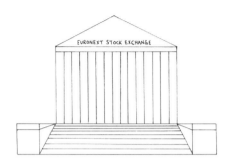

　ユーロネクストは、パリ、リスボン、アムステルダム、ブリュッセルの証券取引所と、ロンドンの取引所の一部が合併したものだ。2007年にニューヨーク証券取引所と合併して、いまは「NYSEユーロネクスト」という名前で知られている。528社がここに上場していて、時価総額の合計はおよそ1兆5000億ドルだ。世界で5番目に大きな証券取引所だよ。

◯シンガポール証券取引所（シンガポール）

さきに紹介した取引所とくらべれば規模は小さいけれど、シンガポール証券取引所は世界のなかで重要な位置にある。1999年に設立されて、800社が上場し、その株式が売買されている。

○オーストラリア証券取引所（オーストラリア）

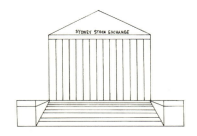

　オーストラリア証券取引所の始まりは、1800年代の中ごろだ。世界で8番目に大きな証券取引所で、2100社が上場している。

○サンパウロ証券取引所（ブラジル）

サンパウロ証券取引所は世界で13番目に大きな証券取引所で、365社が上場している。

◯IEX：Investor Stock Exchange（アメリカ）

　IEXは最近できたばかりだ。頭がよくておカネのある人たちが、超高速トレーダーに先を越されずに株式を取引するために開設したのが、このIEXだ。超高速取引については、あとで説明するね。ここでは、IEXではアメリカで取引されている株式のほんの一部だけしか売買されていないけれど、そのうち大きくなる可能性もあるとだけ言っておこう。

　ここで紹介したのは、世界中にある証券取引所のほんの一部だけだ。数十の国にたくさんの証券取引所があって、いつでも世界のどこかで株式は取引されている。

株（Stock）

　「株」とは、**株券（stock certificate）**と呼ばれる紙切れのことで、君がその会社の一部を所有していることを証明す

るものなんだ。**証券（security）** と呼ばれることもある。

　たとえばもし君がグーグルの株式を1株持っていれば、君はグーグルの所有者のひとりだということだ。もしアップルの株を2株持っていれば、アップルの所有者のひとりってことになる。君がテスラの株を3株持っていたら、テスラの所有者のひとりなんだ。かっこよくない？

　では、君がボートをつくって売るために、新しく「T. R. E. N. T.」っていう株式会社を始めたとしよう。会社をつくるときには、その会社が何株、株式を発行するかを決めなくちゃならない。1株でも、100株でも、100万株でも、それ以外でもいい。何株でもいいんだ。

　この会社のオーナーは君だけで、T. R. E. N. T. 社は100株を発行することに決めたとしよう。T. R. E. N. T. 株式会社の株券がどんなものになるか、見てみよう。

では仮に、だれかがやってきて、君のつくるボートがすごく気に入ったから、君の会社の半分を買いたいと言ったとしよう。そう言われたらうれしいよね。自分の始めた会社をだれかがすごく気に入ってくれて、その一部を買いたいなんて、すてきなことだ。君はしばらく考えて、「オーケー、じゃあいいよ」って言ったとしよう。

　そうなったら、どうやって会社の半分を売る？　簡単だね。君はいまこの会社の100％を持っていて、その株数は100株だ。会社の半分を売る場合には、その半分（この場合は50株）を売ればいい。25％を売る場合は、25株だ。10％を売る場合は、10株。そんな感じ。簡単な計算だね。

　相手の欲しい割合が何株にあたるかを計算したら、次は1株の値段をどうするかを決めなくちゃならない。1株1万円？　10万円？　それとも1億円？　君がその値段を判断しないといけない。君の会社の株価がいくらかを決めるのは、けっこう大変だ。

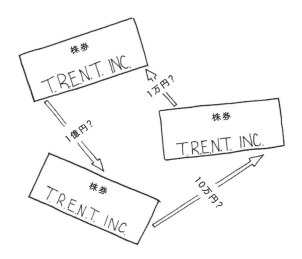

君が買い手と交渉して、相手は1株10万円で50株を買い、T. R. E. N. T. 株式会社の半分を所有することで、話がまとまったとしよう。すると、買い手は君に500万円を渡すことになる（1株あたり10万円×50株＝500万円）。

　株式を売却したあと、君の持ち株は100株から50株に減り、君の新しいパートナーは50株を持つことになる。で、どうなるかって？　君と買い手のそれぞれが、会社の半分ずつを所有することになる。
　その買い手がいいパートナーであることを願うしかない。だって、いまや彼は君のボート会社に対して**君と同等の権利を持っている**から、2人がもめたりしたら、すごくやっかいなことになる。どちらの発言権も同じだから（持ってる株式数が同じだから）、どのように物事を進めるかについて、お互いの意見が一致しなくちゃいけない。一致しない場合には、訴訟が始まってしまう。でも、会社を経営しているときには、訴訟なんて最悪のことなんだ。

T.R.E.N.T. 社

僕らはパートナー！

　だから、君が信頼してない人や尊敬できない人をパートナーにすべきじゃない。そんなことをしたら、問題が起きるだけだ。

株券（Stock Certificate）

　会社の株を買うと、実際にその会社の所有権が君にあることを証明する、「株券」を受け取ることができる。たとえば、こんな感じのものだ。

投資家はしょっちゅう株を売買しているけれど、昔とちがってこんな株券を受け取ることはない。どうしてかって？　それに、株券を受け取らなかったら、自分がその株を持ってるってことがどうしてわかるんだろう？

　いまどき、ほとんどの投資家はイー・トレードなどの証券会社からオンライン口座の約定明細を受け取ったり、メールなどで売買を確認している。でも、それだけでいいのかな？　実際に株券を受け取らなかったら、自分がその株を持っているかどうか、心配にならないのかな？

　でも、大丈夫。それがいまのやり方だ。株券を受け取る人はもうほとんどいなくて、いまはすべてが電子的に処理されている。それが新しいノーマルなんだ。

時価総額

時価総額1000万円

　君は新しい買い手にT.R.E.N.T.株式会社の半分を売却したばかりだ。では、君の会社の「価値」はどのくらいだろ

う? それを計算するひとつの方法を紹介しよう。

　買い手は君の会社の50株を、1株10万円で買った。つまり、会社の半分に500万円を支払ったよね。会社の半分が500万円だとしたら、全部（100％）ならその2倍の1000万円になる（500万円×2＝1000万円）。

　すべての株主の持つ株式価値の合計が、**時価総額（market cap）**と呼ばれるものだ。市場からみた、その会社の価値がその金額だ。いまの例だと、T. R. E. N. T. 株式会社の時価総額は1000万円で、この会社のすべての株数（100株）と1株あたりの価値（10万円）を掛け合わせると、その数字になる。

100株 × 1株あたり10万円 ＝ 時価総額1000万円

　君のボート会社には、1000万円の価値がある、つまり時価総額が1000万円ということだ。中学1年生にしては悪くないよね。

ビッド（買い値）／アスク（売り値）／スプレッド（買い値と売り値の差）

　君の会社の株を買うために、買い手が払ってもいいと思う値段が「**ビッド（bid：買い値）**」だ。もし、買い手が「1株7万円で50株買いたい」と言えば、彼のビッドは7万円だ。言いかえると、彼は、君に50株を売らせるために、1株あたり7万円を**支払うと申し出ている**。つまり、その値段で君から株を買おうとしているわけだ。

もし君が、その値段は安すぎるので、1株あたり12万円で売りたいと思ったら、その12万円が君の「**アスク（ask：売り値）**」になる。つまり、君は1株12万円を**要求している（アスキング）**というわけだ。

　ビッドとアスクの差は、「**スプレッド（spread）**」と呼ばれる。さっきの例だと、スプレッドは次のようになる。

　　　12万円　**アスク**
　　　－7万円　**ビッド**
　　　―――――――――――
　　　　5万円　**スプレッド**

　株のビッドとアスクの値段は、毎日公開されている。
　ビッド／アスク／スプレッドについての基本的な経済原則は、単純で、どこでも変わらない。買い手はなにかを買うときにできるだけ安く買いたいし、売り手はできるだけ高く売

りたい。それは株だけじゃなくて、ほかのものでも同じことだ。

自由市場とバリュエーション

> **自由市場**が
> すべてのモノの
> 値段を決める

　この世界で、なにかの価値がいくらかなんて、どうしたらわかるんだろう？

　BMWが1億円だったり、牛乳1リットルが200円だったり、金1グラムが4500円だったり、ある株の値段が24万1000円だったり、10万円だったり、1000円だったり、それ以外のいろんな価格だったりするのは、どうしてだろう？　どうしてアップルの今日の株価は550ドルで、明日は600ドルになるんだろう？　あるときのなにかの値段がいくらかなんて、だれが決めるんだろう？

　なにかの価格がいくらでなくちゃならないなんて、法律で決まっているわけじゃない。オバマ大統領が値段を決めるわけでもない。なら、だれが決めるんだろう？

　ぼくたちの経済では、どんなものの値段も「**自由市場**」によって決まる。**自由市場**とは、買い手と売り手のあいだの自然な取引を表す言葉で、最終的に売り手と買い手がお互いに満足する値段を決めなくちゃならないってことだ。

ぼくは、この腕時計を1万円で君に売りたい。君は5000円しか払いたくない。交渉の末、お互いが7500円で合意する。そして君はその腕時計を手に入れる。自由市場がその時計の価値を決めたんだ。

　株式市場で毎日起きているのは、まさにこれと同じことなんだ。買い手と売り手が集まって、値段を交渉して、取引をする。イーベイやヤフオクなどのインターネットオークションで起きているのも同じことだ。イーベイでその日に売られているすべてのアイテムの値段、つまりバリュエーションを決めているのは、自由市場だ。
　みんながテスラに熱を上げると、テスラの株価は急騰する。需要は多く、供給は限られているからだ。株数は変わらないので、それを手に入れるために、たくさんの人がもっと高い値段を出そうとする。反対に、たとえばゼネラルモーターズの車に欠陥があって会社が大変なことになりそうだと、みんないっせいに株を売りたくなって、どんな値段でも手放そうとするから株価が下がるんだ。単純なことさ。

株の売り買いはいつできるの?

　ニューヨーク証券取引所は毎朝9時半に始まって、午後4時に終わる。市場が開いているときはいつでも株の売り買いができる。東京証券取引所は、朝9時から午後3時までだ。時間外の取引もできるけど、それはまた別のときに話そうね。

株式指標

　さっき紹介したように、ニューヨーク証券取引所では毎日2308銘柄が取引されていて、ナスダックでは2700銘柄が取引されている。ニューヨーク証券取引所では、たくさんの人が毎日株を売り買いしている。ナスダックでもそうだ。ニューヨーク証券取引所とナスダックはまったくちがう株式市場で、上場されている企業もちがう。

　それではここで、投資家がどうやって株式市場の動きを追いかけているかを見てみよう。ニューヨーク証券取引所は昨日上がったのか、それとも下がったのか？　ナスダックや東京証券取引所はどうだろう？　昨日上がったかな？　それとも下がったかな？

　何千もの銘柄が上場されている取引所で、**株式市場全体**が上がったか下がったか、どうしたらわかるんだろう？　上がる株もあれば、下がる株もあるはずだ。だれかが「昨日の**市場**はどうだった？」って聞いたら、「いろいろ」って答えるしかないよね。それはどの市場のことだろう？　その答えはどうしたらわかるんだろう？

　アメリカの人が「市場」って言う場合は、だいたいニュー

ヨーク証券取引所を指している。アメリカでいちばん古い株式の取引所だし、いちばん大きなアメリカ企業がたくさん上場しているからね。でも、答えるときには、ニューヨーク証券取引所のことなのか、ナスダックのことなのか、それ以外の市場のことなのかをはっきりさせたほうがいい。

　次は、上がる株もあれば下がる株もあるのに、「市場がどう動いたかが、どうしてわかるのか？」を考えてみよう。ここではニューヨーク証券取引所について答えることにするよ。

　ひとつの方法は、ニューヨーク証券取引所で取引されているいくつかの銘柄を集めて**指標（インデックス）**にして、その集まり、つまり指標が毎日どう動いたかを見るやり方だ。昨日、ニューヨーク証券取引所の指標は上がったかな？　それとも下がったかな？

ダウ工業平均の動き

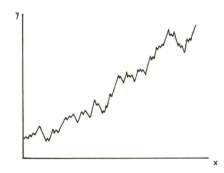

　株式指標というものは本当に存在していて、株を取引する人たちは、いつもこの指標を注意深くウォッチしているんだ。ニューヨーク証券取引所には**ダウ・ジョーンズ工業平均**

（**Dow Jones Industrial Average**）という指標があって、株式指標のなかではこれがいちばん有名だ。ニューヨーク証券取引所で取引される2308銘柄のうちの30銘柄を選んでつくられた指標で、よく「**ダウ**」とか「**ダウ30**」と呼ばれている。ナスダックの指標は「ナスダック100」と呼ばれていて、ナスダック上場2700銘柄から選ばれた100銘柄で構成されている。

東京証券取引所の指標は「日経平均株価」や「TOPIX（トピックス）」だ。「日経平均株価」は、東証1部（主に大企業の株が取引されているところだ）から選ばれた225銘柄から、「TOPIX」は、東証1部の全銘柄からつくられる指標だよ。

ダウ・ジョーンズ工業平均を構成する30銘柄を、次に紹介しよう（カッコのなかは株式の銘柄を表す略称で、ティッカーと呼ばれる）。

❶ 3M（MMM）
❷ アップル（AAPL）
❸ アメリカン・エキスプレス（AXP）
❹ ボーイング（BA）
❺ キャタピラー（CAT）
❻ シェブロン（CVX）
❼ シスコシステムズ（CSCO）
❽ コカ・コーラ（KO）
❾ デュポン（DD）
❿ エクソン・モービル（XOM）
⓫ ゼネラル・エレクトリック（GE）
⓬ ゴールドマン・サックス（GS）

- ⑬ ホーム・デポ（HD）
- ⑭ インテル（INTC）
- ⑮ IBM（IBM）
- ⑯ ジョンソン＆ジョンソン（JNJ）
- ⑰ JPモルガン・チェース（JPM）
- ⑱ マクドナルド（MCD）
- ⑲ メルク（MRK）
- ⑳ マイクロソフト（MSFT）
- ㉑ ナイキ（NIKE）
- ㉒ ファイザー（PFE）
- ㉓ プロクター＆ギャンブル（PG）
- ㉔ トラベラーズ（TRV）
- ㉕ ユナイテッド・テクノロジーズ（UTX）
- ㉖ ユナイテッドヘルス・グループ（UNH）
- ㉗ ベライゾン・コミュニケーションズ（VZ）
- ㉘ ビザ（V）
- ㉙ ウォルマート・ストアーズ（WMT）
- ㉚ ウォルト・ディズニー（DIS）

　ダウ平均とナスダック100のほかにも、有名な株式指標はある。「**ラッセル2000**」は、ダウみたいに30銘柄だけじゃなくて、2000銘柄で構成されている。ダウに入っているのはすごく大きな会社ばかりだけど、ラッセルはそれよりも小さい会社が中心になっている。

　「**スタンダード＆プアーズ500（S&P500）**」は500銘柄で構成される株式指標で、30銘柄のダウ平均よりも銘柄数は多くて、より全体を代表しているけれど、ラッセル2000ほ

ど銘柄数は多くないし幅広くもない。

　投資家は、こうした指標の動きを注意深く追いかけているし、夜のニュースで君も、その日の指標の動きを毎日知ることができる。

新規株式公開（IPO）

　会社の株式を初めて一般の人たちに販売することを、**新規株式公開**、または **IPO（Initial Public Offering）** っていうんだ。

　さて、たとえば君が、暗闇のなかで光るiPhoneケースの製造販売会社を、自宅のガレージで始めたとしよう。君はすごくたくさんのiPhoneケースを製造販売していて、この商売を立ち上げるのにこれまでの貯金を全部使ったけれど、きちんとした工場を建てたり人を雇うにはもっとおカネが必要になる。

　おカネを調達するひとつの方法は、一般の人たちに君の会社の株式を売ることで、その初めての回が新規株式公開とか、IPOと呼ばれている。

IPOによって、毎年有名な企業が公開されている。ゴープロ、フェイスブック、ツイッター、テスラは最近の例だ。

IPOが可能な場合に、IPOする理由は大きく2つある。

❶ 一般の人たち（ぼくや君のような投資家）に、一部の株式を売却することで、会社はおカネを受け取り、そのおカネを使ってビジネスを広げ、より大きな利益をあげることができる（ことを望んでいる）。新しい装置を買ったり、工場を建てたり、従業員をもっと雇ったり、営業やマーケティングを拡大したり、新しいビジネスを買収したり、いろいろなことができる。

もしおカネを賢く使うことができれば、IPOはとても会社のためになる。成長するにはおカネが必要だし、IPOはそのおカネを手に入れるためのひとつの方法だ。

❷ IPOのもうひとつの理由は、それが、その会社の創業者や初期の投資家や従業員にとって、おカネを手に入れる手段になることだ。

会社の初期には、株式は公開されていないので、**流動性がない**。言いかえると、株を売れる公開の場がないから、現金に換えるのがとても難しいんだ。

IPOをして上場企業になれば、それまで非公開だった株に**流動性**が生まれて、株主は持ち株の一部または全部を、いつでも売りたいときに売ることができる。その会社の初期から長年努力してきた人にとって、それは自分たちの投資を回収するひとつの手段なんだ。自分でつくった会社を上場して、

ものすごくお金持ちになった人はたくさんいる。

ブルーチップ・キッズ社
IPO!
今日から株を公開します!

　IPO前に、自分たちの会社やその上場に注目が集まるように、大々的な広報キャンペーンを行う会社は多い。アメリカなら、最高経営責任者（CEO）がブルームバーグやCNBCなどの経済番組に出演したり、ウォール・ストリート・ジャーナルやビジネスウィークなどの経済誌にインタビュー記事が出たりする。すると、その株にみんなが熱を上げるようになる。投資家は、経営者が話すその企業のストーリーを聞いて、ネット証券などを通して株を買おうとする。

　上場初日に株価がガンガン上がると、その会社の社員や初期の投資家は興奮を隠せなくなる。株価が上がるごとにどんどん自分たちがお金持ちになっていくわけだから、彼らは上がり続ける自分の**純資産**を、日がな一日ずっと計算してるんだ。

ブルーチップ・キッズ社 IPO

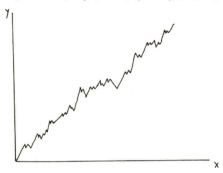

「さぁて。ぼくは自社株を10万株持ってて、今朝公開価格の4000円で売り出された株式は5分で売り切れた。今朝の9時40分時点でぼくの純資産は4億円だ。すごい！　でもお昼どきになって、いまは6000円で取引されている。3時間で2000円も上がった。ぼくの株の価値は6億円だ！　信じられない！！　この3時間でさらに2億円も金持ちになった。会社大好き！！　IPO大好き！」。

　でも、これが続くかな？　いつまでも上がり続けるのだろうか？
　それとも、そんなウォール街の人気銘柄でも、急に上がりすぎたら、上がったときと同じくらいあっという間に地に落ちるのかな？

IPOはとっても不安定。すぐ上がってすぐ下がっちゃうの

　フェイスブックはまさにそうだった。フェイスブックは、これまででいちばん注目を集めていたし、期待の大きなIPOだった。2012年5月18日に取引が始まると、投資家は先を争ってこの株を買った。会社が設定した新規公開価格は38ドルだったけど、数時間のうちに株価は45ドルになった、つまり18％も上がった。

　でもそこでバブルが弾けた。公開価格が高すぎて、多くの投資家はすぐにこの**バリュエーション**、つまり時価総額に疑問を持ったんだ。

　フェイスブックは、まだ利益もないのに、上場日の時価総額はおよそ1200億ドルというありえない金額にふくらんでいた。45ドルで買った人たちが株を売りはじめ、44ドルで買った人も、43ドル、42ドル、41ドルで買った人もつられて売りはじめた。すると、38ドルで買った投資家でさえも、売りはじめた。

 数週間のうちに、フェイスブックの株価は27ドルに下がり、IPO時に先を争って38ドルで買った投資家は、「ふざけんなっ」と思いはじめた。ワクワク感は消え、投資家は自分たちのおカネが少なくとも紙の上では消えていくのを眺めていた。
 その後フェイスブックは盛り返して、いまはすごくうまくいっている。つまり、なにが起きるかわからないってことなんだ。IPOは成功することもあるし、失敗することもある。

証券取引委員会

 証券取引委員会は、アメリカではSEC（The Securities and Exchange Commission）と言ったほうが、なじみがあるかもしれないね。SECはアメリカで1934年に創設された政府機関で、株式の売買、上場企業の経営、それに関連する

規制をつくって執行する機関だ。彼らの仕事は、一般の投資家を、悪徳な会社や、株を買わせるためにわざとまちがった方向に誘導するような証券ブローカーから守ることだ（日本にも同じような組織があって、「証券取引等監視委員会」というよ。これは1992年にできた）。

SECは、証券取引法への違反と思われることを捜査する権限があり、実際にそうしている。会社の記録を押収し、証券取引法に違反した企業や個人に行政処分を執行し、FBIや法務省やそのほかの法執行機関と協力して、悪い人たちの刑事訴追の手伝いもする。いろいろな意味で、SECはウォール街の保安官なんだ。

市場調整

株式市場で大きく売られたり、下げが続いたりすることを、**市場調整**と呼ぶんだ。ふつうは、前回の高値から10％か、それより下がると、市場調整といわれる。もしダウがこのあいだまで1万6000くらいで、いまは1万4500あたりかそれより下がると、アナリストたちは「調整に入った」なんて言う。

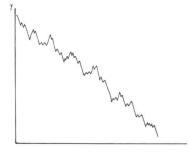

市場調整

もし、市場が過熱ぎみで最高値にあるときは、「調整局面が近い」なんて言う専門家もいる。金融ニュースを聞いていると、この言葉を耳にするだろう。

市場ラリー（上昇）

　調整の反対が上昇だ。つまり、株価が**上がっている**っていう意味なんだ。

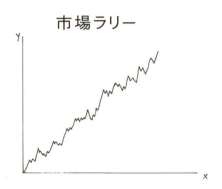

市場ラリー

　たとえば、「本日は株式相場が上昇し、60ポイント上がりました」なんて言い方を聞くかもしれないね。もし君が株主だったら、上昇局面は多いほうがいい。

第4章 株を売買してみよう

株式市場については情報があふれていて、
どれに注目していいかわからないよね。
株のしくみを理解するのに、知っておいたほうが
いい言葉をいくつかここで紹介しよう。

押し目買い

　株式市場について話していると、この言葉がよく出てくる。**「押し目買い（buy the dips）」**というのは、「押し目」、つまり株価が安くなるまで待って、買いを入れることなんだ。

　もし君が新しい自転車を買うタイミングを選べるとしたら、4万円でいま買うか、セールになるのを待って3万円で買うか、どっちにする？　もし3万円になるまで待って買うとしたら、それが「押し目」で買うということだ。

押し目買い

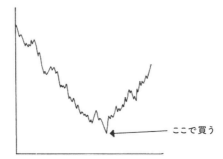

ここで買う

株も同じなんだ。トレーダーはいまの株価じゃなくて、**市場の調整局面**まで待って、**「押し目」**で買おうとする。

ブル（強気）とベア（弱気）

　アメリカ有数の資産運用会社、メリルリンチのロゴは、牛がにらみつけているようなイラストだ。グーグルで「Merrill Lynch」と画像検索してごらん。すぐに出てくるよ。どうして牛なんだろう？　なにを表しているんだろう？

　おカネと金融の世界では、牛は強いもの、上に向かって突き上げるもの、価値の上がるものを表す。株式市場が長い期間上がっていると、「**ブル（bull：強気）相場**」といわれる。もし、今後数カ月の市場の予想を聞かれて、「ブリッシュ（強気）に見ている」と答えれば、株式市場が上がり続けると考えているという意味だ。

　ブルの反対は**ベア（bear：弱気）**だ。市場が長期間下がり続けていたら、「ベア（弱気）相場に入っている」と言われる。そんなときに今後の株式市場がどうなるかと聞かれたら、「ベアリッシュ（弱気）だ。しばらく下げが続くだろう」と答える人が多い。

　ブル（強気）とベア（弱気）は、株式市場や景気がいまどうなっているか、そしてこれからどうなっていくのかについて、正反対の見方を表す言葉だ。

ブル（強気）

ベア（弱気）

評価益（Paper Profit）と評価損（Paper Loss）

　もし君が525ドルで買ったアップルの株価が400ドルまで下がっていたら、君は125ドル**損をした**ことになるのかな？反対に、525ドルで買った株が650ドルに値上がりしたら、125ドルの**得をした**ことになるのかな？

　どちらの答えも「ノー」だ。買った株が上がっても下がっても、**実際に売るまでは損も得もしない**。売ったときに利益と損失が確定する。それまでは、君が持っている株の値段は毎日変わるし、それにつれて**評価益（paper profit）と評価損（paper loss）**が計算されるだけだ。

　といっても、君の純資産額は株価の増減に応じて毎日変わる。それはまた別の話だ。

リスク・オンとリスク・オフ

　トレーダーが、安全で保証された現金や債券から、より高

いリターンを求めて株式に乗り換えることを、**リスク・オン**のトレードという。つまり、より大きな株価の変動を受け入れて、リスクの高い投資をするということだ。それは、株式市場の方向性に彼らが自信を持っているときだ。

　その反対が、**リスク・オフ**だ。もし投資家が株を売ったり、株式比重の高いミューチュアル・ファンド（これは6章で説明するね）を売却して、低リターンでも比較的安全な現金や債券に乗り換えたりしたら、リスク・オフという。こうするのは、株式市場や景気の見通しを心配していて、株が近々上がることはないだろうと思っているからだ。そこで、彼らは株を売って、元本割れのリスクの少ない資産に向かう。

株式チャート

　資産運用業界には、過去の株価とそのほかの指標のチャートを長時間かけて分析し、いまの株価が正しいかどうかを判断しようとする人たちがいる。そんな人を、**チャーチスト**と呼ぶ。

　チャーチストは、たとえば直近1年間とか、5年間とか10年間のアップルの株価チャートを見て、そこになんらかのパターンを見出して、そのパターンがくりかえされるかもしれないと考える（少なくとも、その人はそう考えるんだ）。

　たとえば、「アップルの株価は52週平均（過去52週間の平均値のことで、チャート分析でよく使われる。あとでもくわしく説明するね）を下回ったあとにだいたい回復する」というトレンドを、チャーチストが見つけたとしよう。そして、現在の株価が52週平均を下回っていれば、チャーチストは

おそらく近々株価が上昇すると考えて、株を買う。

　売るときも同じだ。「52週の高値に近づいたあと必ず5%は株価が下がる」と分析していたら、株が下がりはじめる前に売ろうとするはずだ。

　株価チャートにはいろいろな見方があって、チャーチストはさまざまにチャートを利用して、株価がどう動くかを予想する。でも、株価となにかのあいだにすごく強い相関関係があるように見えても、ただの奇妙な偶然だという場合もある。

　大学時代に経済の授業で、先生がダウ・ジョーンズ工業平均の過去の推移を示すチャートを見せてくれた。そのあとで、まったく同じ形のチャートをもう一枚みんなに見せた。ダウが上がれば、もうひとつのチャートも上がっていた。ダウが下がれば、同じように下がっていた。すごくびっくりした。動きがまったく同じだったんだ。

　先生は、もうひとつのチャートがなにを表しているのか教えてくれなかった。1時間ほど全員に考えさせたあとで、やっと教えてくれた。それは、大リーグのワシントン・セネタース（現在のテキサス・レンジャーズ）の平均打率だったんだ。本当だよ。

ダウ

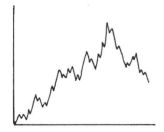

セネタースの打率

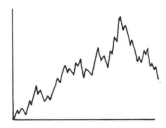

ワシントン・セネタースはもうないけれど、ダウ・ジョーンズ工業平均とセネタースの平均打率は偶然にまったく同じ動きをしてた。君がもしチャーチストなら、セネタースの数日間の打率を予想できれば、株価の動きがわかるはずだと思ってしまうかもしれないね。
　この2つが相関しているなんて、真剣に考える人はいないはずだけど、「チャートはそうなっている」と言い張ることはできる（チャーチストはよく、そんな言い回しをする）。でも、疑ってかかったほうがいい。野球の平均打率は、将来の株価を予想する指標とはとても言えない。
　チャートは過去のデータを教えてくれるし、その点でとても役に立つ。だけど、未来の株価予測に使う場合は、かなり慎重に扱ったほうがいい。

相場の天井

　株式相場のチャートをさかのぼると（たとえば、ダウ・ジョーンズの推移を見ると）、上がったり下がったりしているのがわかる。山もあれば谷もあるし、底辺でしばらく横ばいが続くこともある。
　相場の天井（market top） とは、次のチャートみたいに、株式市場が最高値をつけたときだ。

相場の天井

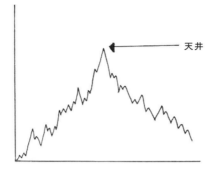

相場の底

相場の底（market bottom）は、天井の逆だ。一定期間のチャートのなかで、株価がいちばん低いところを指す。

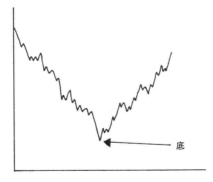

理想をいえば、投資家は株を底で買って、新高値まで上昇

の波にのりたいところだけど、そのタイミングがいつかはなかなかわからない。

「相場はタイミングがすべて」だと言われる。きちんと勉強して、価値のある株を、これなら妥当だという値段になったときに買うしかない。

株価レンジ

この言葉も、株を売買する人たちのあいだでよく聞く言葉だ。たとえば、去年のコカ・コーラの株価が、いちばん安いときに60ドル、高いときに80ドルだったとすると、この株の**レンジ**は60ドルから80ドルだ。先月コカ・コーラ株が75ドルから80ドルのあいだで取引されていたなら、先月のレンジは75ドルから80ドルだ。そのままだよね。なにもややこしいことはない。

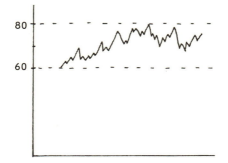

株価レンジ

ロング（買い持ち）

金融ニュースを見ていると、「アップルをロング」とか、「フェイスブックをロング」とか、「テスラをロング」なんていうフレーズを聞く。

「ロング」とは、株を買って持ち続けることだ。**ロングしている**という意味は、その株を**所有している**ということだ。

ショート（空売り）

投資家が株を「ショート」するという意味は、**持っていない株を売る**ということだ。

「え？なに？」 持ってない株を売るだって？ なんでそんなことができるの？ 君のものじゃない自転車を売ったり、持ってもいないビデオゲームを売るなんて、想像できる？ できないよね。そんなことができる人はいないはずだ。

でも、株の世界では持ってない株を売るのはよくあることで、これを「**ショートする**」というんだ。

株をショートするには、その株を証券会社から**借りてきて**、数分後にだれかに売る。株を売ったらその代金をすぐに自分のものにできる。うまい話だろ？ うん、たぶんいい話かな……でも、そうでもないかも。

　ショートするために株を借りたら、いつかそれを借りた人に返さなくちゃならない。

　いつ返すかは、株を借りるときの契約で決まっているんだ。
　借りた株を売ってしまったら、どうやって返すんだろう？売ったら手元になくなるよね。あたりまえだ。だから、返すときがきたら、**市場で同じ株を買わないといけないし**、その時点の株価を支払わなくちゃならない。

だから、空売りはすごく**リスクが高い**。ショートしたときに受け取った金額よりもたくさん支払って株を買い戻すことになったら、損をしてしまう。

　ここで、簡単な例を挙げてみよう。アップルの株価はいま500ドルで、君はアップルがあまりうまくいってないと思っているとしよう。いくらか調査した結果、今後半年のあいだにアップルの株価は下がるはずだと考えて、この株を**ショートする**ことに決めた。
　証券会社に連絡すると、担当者はアップル株を1000株貸してくれるけど、6カ月後に返してくれと言う。君もそれでいいと話がまとまった。証券会社は君にアップル株を1000株貸し、君はそれを1株500ドルですぐに売却した。数分もしないうちに君の銀行口座に50万ドル（1000株×1株500ドル＝50万ドル）のおカネが振り込まれた。

6カ月後、君は株を返すことになっているけれど、もう売ってしまったので株は手元にない。じゃあ、どうする？
　そう、株価がどうなっていても、1000株を市場で買わなくちゃいけない。
　ここで、返却期限の日のアップルの株価が600ドルだとしよう。これはまずいよね。だって1000株を買い戻すのに、60万ドル払わなくちゃならないんだから。君は50万ドルで売った株を60万ドルで買い戻すんだ。10万ドルの損になる。

　反対に、アップルの株価がその6カ月で400ドルに下がったとしよう。君ははじめにアップル株1000株を50万ドルで売却していたよね。6カ月後にそれを40万ドル（1株400ドルで1000株分）で買い戻して、証券会社に借りていた株を返せば、10万ドルの利益になる。だとしたら、おいしい取引だよね。

　ショートしたあとに株価が下がったら、おカネが儲かる。もし上がったら、損をする。それってギャンブルだよね。君が売ったあとに、その株が上がるか、下がるかって？　確実にわかるってことはない。

超高速取引（HFT）

　このところ、すごく注目されているのが、「超高速取引（HFT：High-Frequency Trading）」だ。前からあったんだけど、一般的にはあまり知られていなかった。

だけど、2014年3月にマイケル・ルイスという作家が『フラッシュ・ボーイズ』っていう本を出版して（邦訳も文藝春秋社から出ているよ）、『60ミニッツ』というテレビ番組でインタビューされてからは、みんなが注目するようになった。マイケル・ルイスが、超高速取引のしくみをくわしく解説すると、たくさんの人がそんな取引はいけないことなんじゃないかと思いはじめた。

　超高速取引は一般投資家を出し抜くような取引で、結局は一般投資家が本来よりも高い値段を支払うハメになると思われている。議会もこれに口を出して、公聴会を開くそうだ。どうして、みんなそんなにやきもきしているんだろう？

　要するに、超高速取引は、ものすごくおカネをかけて超強力なコンピュータと超強力なルーターとケーブルを設置して、この地球上でいちばん速くて賢いアルゴリズムを使って行われる取引なんだ。たとえば、一般投資家が525ドルでアップル株を買おうとしていると、超高速トレーダーはそれを察して一足先にその株を買う。そして、**そのトレーダーは**ほんの**数セントを上乗せ**して、一般投資家にアップル株を売っている。

　超高速取引で数十億株を売買していると、ほんの数セントが積もり積もってものすごい金額になる。超高速トレーダーたちが儲けているおカネは、市場価格で株を買おうとしている**ふつうの投資家**のお財布から出ていて、一般投資家はそのことにまったく気づかない。

超高速取引がこれからどうなるかは、まだわからない。証券取引委員会（SEC）が禁止するかもしれないし、少なくともなんらかの規制をかけるかもしれない。これからの成り行きに注目しよう。それまでは、もしそういう話題が出たときのために、こういうものがあるってことを知っておくだけでいい。

フル投資

フル投資とは、現金をすべて株や債券やそのほかの証券に投資して、まったく現金を持たないということだ。それが、「フル投資」の意味だ。

レバレッジ

「レバレッジする（テコにする）」とは、おカネや力や人脈や知識といった、君が持っているものを使って、なにか別のものを手に入れるということだ。たとえば、君が市議会の議員をたくさん知っていたとすると、その人脈をレバレッジ（テコに）して自分のために区画変更を進めたと言われるかもしれない。もし君が何年もメディケアのしくみを研究していて、その後、メディケア患者向けの在宅医療サービスを立ち上げて成功したら、メディケア規制の知識をレバレッジして会社を立ち上げた、と言えるだろう。

金融業界で「レバレッジ」といえば、ふつうは、借り入れたおカネを投資して、投資リターンを上げることを意味する。たとえば、君がある案件への投資で、おカネを2倍に増やせると期待できるなら、借りたおカネも2倍にできるはずだ。借りたお金を元手に利益を得ることが、すなわちレバレッジして投資リターンを上げるということだ。

すべての「レバレッジ（テコ）」が同じではない

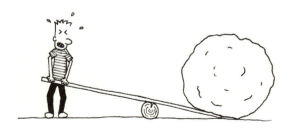

たとえば、君があるスタートアップ企業の株を1株100円で買えるとして、その会社は1000万株を発行して10億円を調達すると仮定しよう。君が投資できるおカネが2億円だとすると、200万株を買えばその会社の20％を所有できる。もし3億円あれば300万株を購入して、30％を所有できる。

　でも問題がひとつある。君は3億円も持っていない。2億円しか手元にない。

　ではここで、**レバレッジの力**、つまりおカネを借りてもっとたくさん儲けるにはどうしたらいいかを解説しよう。

❶　君の持っているおカネは2億円だ。それで200万株を買い、会社の20％を所有できる。

❷　足りない分は、借りて投資する。借りる額は1億円だ。君は借りたお金をレバレッジして、もっとおカネを儲けようとしているわけだ。

❸　レバレッジも含めると、投資できるおカネは全部で3億

円になる（君の２億円と借りた１億円）。それで300万株を買い、会社の30％を所有できる。

❹ その後、その会社は30億円で別の会社に売却された。

❺ 君は30億円の30％、つまり９億円を受け取る。

❻ 君が借りていた１億円を返すと、手元に８億円残る。君の２億円は、８億円になった。つまり、元手を４倍にしたってことだ。２億円に対する投資リターンは400％だ。

　もし君がおカネを借りないで（レバレッジをかけずに）、２億円で20％だけを買っていたなら、最後に受け取るのは30億円の20％、つまり６億円だ。でも、君はレバレッジをかけていたおかげで、それより２億円多い８億円を手に入れた。これが、レバレッジの力なんだ。借りたお金を使って、２億円も利益を増やすことができた。
　でも、気をつけなくちゃいけない。もしその投資がうまくいかなかったら、自分の貯金をはたいておカネを返さなくちゃならなくなる。

第 5 章 オプション
(知ってると友だちに自慢できるよ！)

怖がらないでね。
実は、そんなに難しくないんだ。
オプションは、株と同じように売ったり買ったりできる。
価値が上がることもあれば、下がることもある。
この章を勉強して、
クラスでいちばんの金融通になろう！

オプション：コールとプットの世界

　もう知ってると思うけど、株の値段は上がることもあれば下がることもある。前もってどれだけ調査しても、どれほど自信があっても、結局はわからない。

　買ったばかりの株が大暴落する危険から自分を守るために、**オプション**を売ったり買ったりする投資家もいる。

　オプションは毎日売買されていて、その市場はすごく大きい。オプション市場も株式市場と同じように、いつでも自宅のコンピュータで動きがわかる。ブルームバーグやインターネット証券、そのほかのウェブサイトで、君が知りたいオプション情報をいつでも見ることができる。

シカゴ先物オプション取引所

オプションは便利だし、すこし時間をかけてどんなしくみかを理解すれば、安全に株式に投資しておカネを儲けるためにたくさんの人がやっている方法について、世界中のほとんどの子どもよりもくわしくなれるよ。それでは、始めよう。オプションの世界をのぞいてみよう。

オプションってどんなしくみ？

オプションは複雑だとも言えるけど、その考え方は難しいものじゃない。

オプションには2種類ある。**プット（put：売る権利）**と**コール（call：買う権利）**だ。それから、すべてのオプションは、特定の株式と結びついている。

アップルでもグーグルでもコカ・コーラでもマクドナルドでもディズニーでも、考えられるかぎりすべての株式について、プットとコールを売買できる。オプションがどうしてすごいのかを書くね。

- たとえば、アップルの**プットを買う**と、あとでそのプットの売り手に、市場価格より高い値段でアップル株を売れるかもしれない。
- アップルの**コールを買う**と、あとでそのコールの売り手から、市場価格より安くアップル株を買えるかもしれない。

すごくない？

オプションを持っていれば、いざというときの備えになる。売りたいときに市場価格より高く売れる。または、買いたいときに市場価格より安く買える。ウォール街では毎日そんなことが起きてるんだ。

オプション償還期日：いつか必ず期限が切れる

オプションについてくわしく説明する前に、オプションは**いつか必ず期限が切れる**ことを覚えておいてね。牛乳パックに賞味期限があるみたいに、オプションにも償還日というものがあって、その日以降は使えなくなってしまうんだ。使わなければ、消滅する。

償還期限が数日後のオプションもあれば、数週間後、数年後のものもある。いずれにしろ、すべてのオプションには期限がある。

プット（売る権利）

　それでは、プットのしくみを見ていこう。たとえば、君が何年か前に買った自転車を大切に使っていて、いまもその自転車の調子はいいけれど、新しい自転車が欲しくなったとしよう。

　新しい自転車を買う前に、古い自転車を売らなくちゃいけない。どうやって売る？　イーベイやヤフオクに出品して、いちばん高い値をつけてくれた相手に売ればいい。そうできたら最高だ。

　では、実際にイーベイに自転車を出品したら、いちばん高い入札価格が1万円だったとしよう。売るべきかな？

　もし、ほかの場所に別の買い手がいて、その人は1万2000円出してくれそうだとする。そうだ。ほかの人が買ってくれる値段よりも高い値段で買ってもらえるんだ！　けっこうよくない？　市場価格よりも2割増しで自転車を買ってもらえるわけだから。イーベイのいちばん高い値段より2割も高い値段だよ。すごいよね。だったらそうするよね。

　でも、どうしたら本当の価値よりも高い値段でだれかに自転車を売れるんだろう？

　実は、プットオプションを買っていたら、それができるんだ。言いかえると、スミスさんから1000円で「プット」っていう紙切れを買うということは、スミスさんに1万2000円で自転車を売る権利を手に入れるってことなんだ。君がそうしたいときに、スミスさんに自転車を押しつけることができる。だから「プット」って言うんだよ。

　じゃあ、スミスさんはどうしてそうしたいんだろう？　なぜ自転車の本当の価値より高い値段を払うなんて約束するんだろう？

　それは、君がスミスさんからプットを買うと、スミスさんに1000円入るからだ。スミスさんはプットを売ることでおカネが手に入るから、1000円もらって、君が売りたいときに1万2000円で買うことを約束するんだ。

　スミスさんは、君がもう戻ってこないことを期待している。あとになって、君が1万2000円で自転車を買ってくれって、言わないことを望んでいるんだ。君が戻ってきたらスミスさんは必ず1万2000円支払わないといけない。だけど、スミスさんは1000円受け取ったあと、君から二度と連絡がない

ことを期待している。もちろんスミスさんは、君が自転車を買ってくれと言ってくる可能性があることはわかっているけれど、そのリスクを承知で1000円を受け取るわけだ。

　スミスさんは、この取引が君にも自分にもすごくいいものだと思っている。スミスさんはプットを売って1000円受け取るし、君はいつでも売りたいときに1万2000円で自転車を売ることができるから安心だ。君もスミスさんも、得をしたと思っているわけだ。

プットについて、もうちょっとくわしく

　自転車の例を続けよう。それでは、1000円払ってプットを買った君が、スミスさんに自転車を売ったら、その「オプションを行使した」ことになる。つまり、プットオプションを使って、スミスさんに1万2000円で自転車を売ったってことだ。スミスさんが払う値段、この場合は1万2000円を、**行使価格（ストライク・プライス）**と呼ぶ。

スミスさんにとっての本当の自転車の値段はいくらになる？　1万2000円？　ちがうよね。数カ月前に君がプットを買ったとき、スミスさんに1000円払ったから、本当の値段は1万2000円から1000円引いた金額、つまり1万1000円だ。

○スミスさんにとっての自転車の値段

　　　自転車を買うのに支払った代金　1万2000円
　　　－プットを売ってもらった代金　1000円
　　　――――――――――――――――――――――
　　　スミスさんにとっての本当の自転車の値段……1万1000円

　スミスさんは1万円の自転車を買うのに1万1000円支払ったことになる。ということは、プットを1000円で売るのは、スミスさんにとってあまりいい取引じゃなかったわけだね。本当の価値よりも高い値段を払うなんてバカバカしい。だけど君がオプションを行使したので、スミスさんはそうせざるを得なかった。

　逆に、君にとっては1000円でプットを買っておいたのは正解だった。プットを持っていたから、市場よりも高い価格で自転車が売れたんだ。

　君が自転車を売って得たおカネは本当はいくらだろう？　スミスさんから受け取った1万2000円から、プットの値段1000円を引いた金額だ。

○自転車を売って君が得たおカネ

スミスさんからもらった自転車の代金　1万2000円
ープットを買うためにスミスさんに支払った代金　1000円
─────────────────────────
自転車を売って本当に手に入ったおカネ……1万1000円

　プットを買ったおかげで、君は市場価格の1万円よりも1000円分だけ**得をした**ことになる。この場合は、オプションを買ったおかげで、余分なおカネを儲けることができたけれど、いつもうまくいくとは限らない。行使しないまま、期限が切れてしまうこともある。

アウト・オブ・ザ・マネー：プットオプション

　では、君が自転車を売るときになって、それがコレクターアイテムとして人気になり、1万円じゃなくて1万5000円の価値になっていたらどうだろう？　プットを行使して、スミスさんに1万2000円で自転車を買ってもらう？　もしイーベイで1万5000円の値段がつくなら、わざわざ1万2000円で売る人がいる？　いないよね。
　こういうふうに、オプションを行使したら損になる状態のことを、「アウト・オブ・ザ・マネー」っていうんだ。
　でも、数カ月前に買ったプットはどうしたらいいんだろう？　もし使わなかったらどうなるの？
　もしプットの行使価格が市場価格よりも**安い**場合には、そのオプションを行使しなければいい。期限日に**権利は消滅す**

る。使わなければ、権利は失われる。期限日までに権利が行使されなければ、そのオプションの価値はゼロになる。

市場価格よりも安く売ったり、高く買ったりしなくちゃならないような、期限日までに行使されないオプションを、**権利放棄（アンダーウォーター）**オプションといって、これには価値がない。そう、まったく、ぜんぜん、ナッシング、ゼロ。

君の買ったプットを使えばスミスさんに1万2000円で自転車を売れるとしても、市場価格が1万5000円なら、そのプットを使う意味はない。そのプットは使われずに期限切れになって、その時点で価値がなくなるんだ。オプションを売ったり買ったりするときのリスクのひとつがそれだ。

オプションを買っても、結局使わずじまいってこともある。

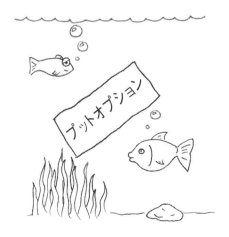

でも、それからどうなる？　丸損ってわけじゃない。だって、イーベイに行けば1万5000円で自転車が売れるんだから。思っていたよりもすごく高い値段だ。買ったけど使わな

かったプットの値段1000円を差し引いても、1万4000円も手に入る。

○自転車を売って本当に手に入るおカネ

イーベイで自転車を売って受け取る代金　1万5000円
－使わなかったプットオプションの代金　1000円

自転車を売って本当に手に入ったおカネ……1万4000円

　1万4000円も回収できたら上々だよね。コレクターアイテムとしての値段に近いし、プットのおかげでいつでもスミスさんに1万2000円で売れるとわかっていたから、**安心できた**。1万2000円が最低価格になっていたんだ。売りたいときには、1万2000円より安い値段にはならないことがわかっていた。プットオプションのいいところは、そこなんだ。

コール（買う権利）

　ではここで、反対の話をしよう。自転車を持っているのが、君じゃなくてスミスさんだとしよう。で、君はスミスさんの自転車がすごく気に入っていて、買いたいけれど、いまはおカネがない。芝刈りのアルバイトや洗車をして、おカネを貯めないと買えないんだ。
　君がおカネを貯めるためにアルバイトに励んでいるあいだ、スミスさんがだれかに自転車を売っちゃうんじゃないかと心配になるよね。だったらどうしたらいい？

ひとつの方法は、スミスさんから**コールオプションを買う**ことだ。スミスさんにおカネを払って、合意した値段で自転車を買う権利を手に入れるんだ。期限までに自転車を買わなければ、君は権利を失い、コールオプションは使えなくなる。

「コール」っていっても
電話のことじゃないよ！

　じゃあ、スミスさんが君に1万2500円で自転車を売ることに合意したとしよう。確実にその値段で自転車を買うために、君はスミスさんに1500円払ってコールオプションを手に入れる。つまり、いつかの時点で1万2500円で自転車を買う権利を得るために、スミスさんに1500円支払うわけだ。君がコールを買えばスミスさんには1500円入るし、君は夏休みのアルバイトで1万2500円貯めたら、すぐに自転車がその値段で手に入る（**コールを行使する**）から、安心だよね。

自転車の
コールオプションを買う

　コールを買って1カ月後に、やっと1万2500円貯まって、自転車が買えるようになった。君はスミスさんに連絡して、コールを使うことにする。スミスさんに1万2500円渡して、自転車を受け取る。

　君が自転車を手に入れるために使ったおカネはいくらだろう？　1万2500円？　ちがうよね。1万2500円に**加えて**、コールを買うのにスミスさんに1500円支払っている。だから、かかったおカネは1万2500円＋1500円で、合計1万4000円だ。

◯君が自転車を買うのに使ったおカネの合計

　　　コールオプションの代金　1500円
　＋自転車の代金　1万2500円
_____

　　　自転車を手に入れるために使ったおカネの合計……1万4000円

コールを買ったことは君の得になったのかな？　コールに1500円支払ったうえに、1万2500円も支払って本当によかったのかな？
　その答えは、君がどのくらいその自転車を欲しかったのかによるし、同じような自転車をもっと安くだれかから買えたかどうかによる。もし君がその自転車を本当に気に入っていて、どこを探しても1万4000円より安く買えないとしたら、コールを使ったのは正しかったということだ。

「コール」っていいよ。コールオプションで決めた行使価格以上のお金は、払わなくてよくなるんだから

コールについて、もうちょっとくわしく

　コールオプションを買うのは、君の買いたい株が**上がる**と思っているときだ。そして、その株をある価格で確実に買いたいし、それより高い値段は払いたくないと思っているときだ。その価格は、**行使価格**、または**ストライク・プライス**と呼ばれている。
　本物の例を使ってみよう。この本を書いているいま、アッ

プルの株価は1株570ドルだ。君はアップル株を買おうと思っているけれど、少なくともいまは別のことにおカネを使いたい。

　でも心配なのは、アップルが新製品を発売してそれが大ヒットして、株価がすごく**上がってしまう**ことだ。もしそうなったら、手が届かなくなってしまう。どうしよう？　もしすごく株価が上がったとしても、君に手の届く値段で確実に買えるようにするにはどうしたらいいだろう？　そんなときに、コールオプションを買えばいいんだ。

　90日以内ならいつでも570ドルでアップル株を手に入れられる権利をスミスさんから買えるとしたらどうする？　もしアップルの株価が600ドルとか、625ドルとか、650ドルとかになると思えば、コールオプションを買うよね。

　君がコールオプションに25ドル払って、570ドルで権利を行使したら、アップル株に支払ったおカネの総額はいくらになるだろう？

　　　　コールオプションの代金　25ドル
　　　＋アップル株の行使価格　570ドル
　　　―――――――――――――――――――
　　　　アップル株を買うために支払ったおカネの総額……595ドル

　もしアップル株が600ドルかそれより高くなると思ったら、コールオプションに25ドル払ってもいいよね。

アップルの
コールオプションを買う

アウト・オブ・ザ・マネー：コールオプション

　プットオプションと同じで、行使したら損になる場合、つまりアウト・オブ・ザ・マネーのときは、コールオプションも行使しなくてもいい。使う意味のないオプションは、価値がなくなる。さっきのアップルの例だと、570ドルでスミスさんからアップル株を買う権利のコールオプションを、25ドルで手に入れたとしても、もしアップルの株価が500ドルに下がっていたら、その権利を使おうとは思わないよね。当然だ。もし市場でふつうに500ドルで買えるなら、スミスさんにわざわざ570ドル払うなんてバカげてる。

　そんな場合には、君が25ドル支払って手に入れたコールオプションは、アンダーウォーターといって、価値がないんだ。期日に権利が失効し、それで終わりになる。高い値段を払わなくていいようにコールを買ったけれど、使う意味がな

いからそれを行使しなかったってことだ。

裸(ネイキッド)のコールオプション
(え？ いま「ハダカ」って言った!?)

　スミスさんから1万円で自転車を買う権利を約束してくれるコールオプションが2500円だとして、スミスさんがその時点で自転車を持っていない場合には、どうなるんだろう？ そんなときには、スミスさんは君に**裸のコールオプション**を売った、って言うんだ。

スミスさんが裸のコールを君に売り、君がそのあとオプションを行使してスミスさんに自転車を要求したら、スミスさんは出かけていって、君の欲しがっている自転車を、どんな値段であろうと買わなくちゃならない。スミスさんはコールオプションの売り手として、必ず約束を果たさなければならないことが、法律で決められている。どんな値段を払っても、スミスさんは自転車を見つけ出し、それを買い、君に1万円で届けなくちゃならない。

裸のコールを売るのが危険な理由は、いまの例でよくわかるよね。コールオプションで約束した株がすごく高くなって、オプションの買い手にその株を渡すために、すごくたくさんのおカネを失うハメになるかもしれない。

だから、裸のコールを売るときには、**すごく慎重に**しないとダメなんだ。

オプション取引

オプションを売ったり買ったりする人の多くは、実際にそれを行使するつもりはないんだ。実は、買ったオプション自体をあとで売っておカネを儲けようとしてるんだ。投資家はしょっちゅうオプションを取引してる（売ったり買ったりしてるってことだ）。

たとえば、君がアップルのプットオプションを25ドルで買ったとして、そのオプションがいくらで取引されているかは、いつでも好きなときにチェックできる。買ったときより値上がりしていれば、期日よりずっと前にそのオプションを売って、利益を手に入れていいんだ。

　オプション価格は上がったり下がったりし続けていて、オプション取引ではものすごい大金が動いてる。
　シカゴ先物オプション取引所（CBOE）は世界一大きなオプション取引所だ。2000社のオプションを売ったり買ったりできる。英語が読めるようになったら、www.cboe.comを見れば、もっとCBOEにくわしくなれるよ。

第6章 ファンド
(めちゃくちゃ大きなおカネの停留所)

個別の株が上がるか下がるかを調査する時間がない場合は、「ミューチュアル・ファンド」に投資することもできる。ミューチュアル・ファンドはプロの人たちが運用していて、君のおカネとほかの投資家のおカネを一緒に投資するんだ。

ファンドってなに?

ファンドとは、株やほかの証券に投資する目的で、大勢の投資家のおカネを預かってひとまとめにした、おカネの停留所みたいなものだ。

ファンドにはありとあらゆる種類のものがあって、さまざまな市場のセクター（部門）に的を絞って投資しているファンドがたくさんある。ハイイールド債券ファンド。低位株（バリュー）ファンド。小型株ファンド。中型株ファンド。大型株ファンド。資源株ファンド。不動産ファンド。テクノロジーファンド。バイオテックファンド。などなど。自分でたくさんの株を買わなくても、好きなファンドを選べば、集まったおカネでファンドマネジャーが株を買ってくれるんだ。

インデックス・ファンド

個別の会社をきめ細かく調査して、いちばん有望な株を買

うのが、いちばんおカネが儲かると考える投資家もいる。でも、いちばんいい株を探し出すのはほぼ不可能だから、**インデックス・ファンド（index fund）** を買ったほうがいいと考える投資家もいる。

　インデックス・ファンドっていうのは、たくさんの投資家から集めたおカネで、特定の株式指標とまったく同じ銘柄を買うファンドだ。インデックス・ファンドの運用者が、君のためにそれをやってくれる。君がファンドを買えば、ファンドが君の代わりに指標のなかの銘柄を買ってくれるんだ。単純だよね。

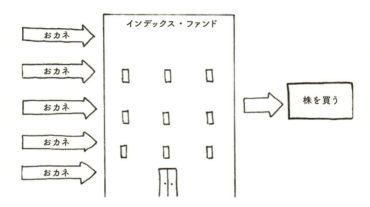

　たとえば、君がダウ・ジョーンズ工業平均に投資したいなら、どうすればいい？　ダウ工業平均を構成している30銘柄をぜんぶ買わなくちゃならない。S&P500に投資したい場合も、同じだ。S&Pの500銘柄をぜんぶ買えばいい。おカネがたくさんあれば、ラッセル2000にも投資できる。そのなかの2000銘柄をぜんぶ買えばいいんだ。

でも、君が時間をかけて自分で株を選ばなくても、インデックス・ファンドなら君の代わりに有名な株式指標に投資してくれる。

　ラッセル2000を構成している2000銘柄をぜんぶ買うのがどれくらい大変か、考えてみよう。ラッセル2000にどの銘柄が入っているかを調べるだけでも、時間がいくらあっても足りないね。S&Pも同じだ。株を買う前に、500銘柄すべてを探し出さなくちゃならないんだから。

　インデックス・ファンドなら、銘柄選びの手間も買いつけの手間も省いてくれる。ファンドマネジャーが調査と買いつけをしてくれるから、君はインデックス・ファンドを買うだけでいい。簡単だしシンプルだよね。

　インデックス・ファンドの値段も、個別株と同じように、上がったり下がったりする。ダウが上がった日は、君が投資したダウ指標ファンドの価値も上がる。ダウが下がると、そのファンドの価値も下がるんだ。わかった？

　インデックス・ファンドは指標と同じように動く。それがインデックス・ファンドの目的なんだ。まったく同じ動きをするようにつくられているからね。

> インデックス・ファンドは、その指標と同じように動く

ミューチュアル・ファンド

　株式市場に投資するなら、**ミューチュアル・ファンド（mutual fund）**もすごく人気があるし、これはインデックス・ファンドとすごく似ている。アメリカには1万5000ものミューチュアル・ファンドがある。

　君がインデックス・ファンドを買うと、ファンドマネジャーがそのおカネを使って、特定の指標に入っているのと同じ銘柄を買い、指標をマネする。つまり、指標の動きをまったく同じようにコピーする。

　ミューチュアル・ファンドはインデックス・ファンドと似ているけれど、ミューチュアル・ファンドの運用者はインデックス・ファンドの運用者よりもいろいろな株を幅広く買うことができるんだ。

　ミューチュアル・ファンドの運用者は、買える株にあまり制限がなく、特定の指標をコピーしなくてもいい（もしコピーする場合は、インデックス・ファンドって呼ばれるだろう）。ミューチュアル・ファンドはものすごくたくさんのいろんな銘柄を保有していて、君もそうしたミューチュアル・ファンドの株主になれる。

　ミューチュアル・ファンドの**いいところ**を挙げてみよう。

❶　プロが運用してくれる

❷　たくさんのおカネが集まるので、多様な銘柄を保有できる。つまり、個人でやるよりたくさんのいろいろな会社の株式を買えるから、リスクを分散できる

❸ 証券取引委員会（SEC）の規制によって、投資家は保護されている

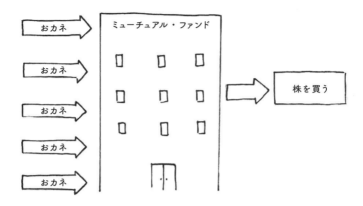

　ミューチュアル・ファンドを運用する最大手企業には、フィデリティ、ジャナス、バンガード、アバディーン、T・ロウ・プライス、アメリカン・ドリーム・ファンド、ウェルズ・ファーゴなどがある。どの会社もさまざまな種類のミューチュアル・ファンドをとりそろえていて、それぞれのファンドにひとつずつ、個別株と同じような銘柄名（ティッカー）がある。その銘柄名を見れば、毎日の動きがわかる。

　ミューチュアル・ファンドはだいたい、なにか特別な分野に絞って投資している。たとえば、**医療系**の銘柄に投資するファンドだ。それってどういう意味だろう？　君が医療系ミューチュアル・ファンドを買うと、そのおカネは、病院や、開業医や、クリニックや、医療保険や、製薬会社や、研究室を持っている企業なんかに投資されるんだ。

　資源業界に的を絞ったミューチュアル・ファンドを買えば、

君のおカネは石油会社、石油掘削会社、精製企業、掘削機械メーカー、パイプライン企業、石油供給会社といった株に投資される。

ミューチュアル・ファンドは、特定の業界の株とか、いろんな株に投資してるよ

ミューチュアル・ファンドは、運用の手数料をとることで、おカネを稼いでいる。手数料がどんな体系になっているかをよく調べて、あまり高い手数料を払わされないように気をつけたほうがいい。

たいていのミューチュアル・ファンドは、こんな手数料を取っている。

❶ **口座維持手数料**

❷ **販売手数料**（「**ロード**」と呼ばれることもある）

❸ **解約手数料**（ファンドを売ったときに支払う手数料だ）

❹ **乗り換え手数料** （あるファンドから別のファンドに乗り換えたときに支払う手数料）

　要するに、ミューチュアル・ファンドにはいろんな手数料があって、広告を使って自分たちの手数料がほかのミューチュアル・ファンドよりも安いことを宣伝している。でも、宣伝は疑ってかかったほうがいいし、投資する前にきちんと自分で調べないといけないよ。

　ミューチュアル・ファンドの手数料は、ファンドのウェブサイトにすべて書いてある。ミューチュアル・ファンドの比較サイトもあるし、そこに行けば手数料だけじゃなくて、運用費用や過去の成績もくらべて見ることができる。モーニングスター（www.morningstar.com、日本版は www.morningstar.co.jp）なんかは、投資家への情報を提供しているサイトのいい例だ。

ヘッジファンド

ヘッジファンド（hedge fund）は、たくさんの投資家からおカネを集めて、上がりそうな証券に投資しておカネを儲けようとする点では、ミューチュアル・ファンドと似ている。

でも、まったくちがうのは、ミューチュアル・ファンドは株や債券にしか投資しないけれど、ヘッジファンドはなんにでも自由に投資できることだ。

アメリカで、ヘッジファンドは巨大なビジネスだ。現在、ヘッジファンドに2兆4000億ドルが流れ込んでいるともいわれていて、そのおカネはすごくお金持ちの人たちから出ているんだ。

ヘッジファンドが君のおカネを預かるかどうかを決めるにあたって、君は自分が**適格投資家**だってことを証明するために書類を出さないといけない。つまり、君がすごくお金持ちで、ヘッジファンドの投資が失敗しても問題ないことを証明しなくちゃいけないんだ。ヘッジファンドはだいたい最低投資額を設定していて、その最低額が1億円を超える場合も多い。

ヘッジファンドを運用しているのは、金融業界でもとくに頭のいい人たちで、どんなものにも投資できるし、すごく高い手数料をもらえるチャンスがある。だから、この業界に頭のいい人たちが集まってくるんだ。すごーく、**すごーく**儲かるからね。

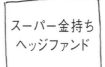

　たいていのヘッジファンドは、運用総額の2％を年間手数料として投資家に請求する。初年度の終わりに君のヘッジファンドの口座に1億円あったとしたら、手数料はその2％の200万円になる。2年目の終わりに君の口座の資産が1億5000万円に増えていたら、2年目の運用手数料は、その2％の300万円になる。

　2％の年間手数料のうえに、ヘッジファンドの運用者は、君のために稼いだ利益の20％を手数料として受け取る。もし君が1億円を預けて、そこから2億円の利益が出たら、君は利益の20％、つまり4000万円（2億円×20％＝4000万円）を追加で支払わなくちゃならない。

　これが、前に説明した、いわゆる**「2の20」と呼ばれる手数料体系**なんだ。口座にあるおカネの2％に加えて、君のために稼いだ利益の20％を支払うんだ。たくさんのヘッジファンドの運用者は、この手数料の取り方で、めちゃめちゃお金持ちになっている。

めちゃめちゃ金持ちって、いま言ったよね？　**超超超**お金持ちだ。1年に100億円以上も稼ぐヘッジファンドの運用者もいるんだよ。

第 **7** 章 **債券と譲渡性預金**
(退屈だと思ったら大まちがい！)

「確定利付き証券（フィックスト・インカム：fixed income）」
といえば、ふつうは債券のことだ。
債券市場は株式市場より大きくて、
債券も株みたいに取引されている。
じゃあ、なにを買えばいいんだろう？
株？ 債券？ 両方かな？

債券 (Bond)

債券（bond）もまた、一般に流通している証券、つまり金融商品だ。だけど債券は、「会社の所有権の証拠」である株券とはまったくちがう。債券は、「君が会社におカネを貸していて、その会社が**期日までに君におカネを返さなくちゃいけないこと**」を示すものなんだ。

たとえば、T. R. E. N. T. 株式会社が10メートルのボートをつくってすごく成功したので、今度は12メートルのモデルをつくることに決めたとしよう。12メートル型をつくれば、絶対に売れる自信がある。

でも、ひとつだけ問題がある。おカネがないってことだ。新型のボートを設計するデザイナーを雇うおカネも、その型をつくるおカネも、ボート自体をつくる人を雇うおカネもない。どうしたらおカネが手に入るだろう？

この会社が資金を調達する方法のひとつが、債券を発行することだ。慎重に分析した結果、新しいボートをつくるのに1億円かかることがわかったとしよう。T. R. E. N. T. 社は1億円の債券を発行して、それを欲しい人に売ることにする。
　債券1枚あたりの**額面（face value）**は10万円で、**償還期限**は5年だ。つまり、買い手は債券1枚につき10万円（額面価格）を払い、5年後にその債券を持っていれば10万円を払い戻してもらえる（償還価格）。そのあいだ、T. R. E. N. T. 株式会社は、債券を持っている人に毎年金利を支払う。

　最初の投資家がやってきて、10万円の債券を10枚買う、つまり全部で100万円の債券を買ってくれる。そのとき、債券の金利が年率8%だとすると、5年目に100万円を返してもらえるまで毎年、その投資家は100万円の8%、つまり8万円の利子を受け取る。金利が9%なら、利子は毎年9万円（100万円の9%）になる。金利が10%なら、毎年の利子は

10万円（100万円の10%）だ。

　債券保有者にとって、金利は毎年の収入になる。たくさん債券を持っていれば、そこから受け取る利子を全部合わせたら、生活を十分に支えられる額になるかもしれない。でも、多くの人は株と債券の両方に投資したほうがいいと考えている（**バランス型ポートフォリオ**と言うんだ）。だけど長い目で見ると、株の配当を再投資し続けたほうが、債券を所有するよりも高いリターンを得られることが証明されている。

利回り（イールド）

　利回り（イールド）とは、債券の投資家が受け取る年率のリターンのことだ。たとえば5%の金利がついた10万円の債券を買うと、利回りは5%、つまり年に5000円を受け取るってことだ。100万円の債券を持っていて金利が4%だとしたら、利回りは4%、つまり4万円だ。

　高利回り（ハイイールド）債というのは、すごく金利の高い債券のことなんだ。**ジャンクボンド（junk bond）**って呼ばれてる。マジで、ジャンクボンドっていう名前なんだよ。でも名前にだまされちゃいけない。ジャンクボンドと呼ばれていても、ゴミじゃないし避けるべきでもない。いい会社でもジャンクボンドを発行するし、よく調べたうえで、その会社が金利を払えそうで、償還期限になったら元本も返してくれるとわかれば、ジャンクボンドがいい投資になる場合もある。

中期国債（Treasury Note）と長期国債（Treasury Bond）

　アメリカ政府は、毎週**中期国債（treasury note）**と**長期国債（treasury bond）**の入札を行って、政府活動にあてる資金を調達している。それぞれ中期債、長期債とも言うよ。

　中期債と長期債のちがいはなんだろう？　それは**償還期限**だ。中期債の償還期限は、発行日から数えて2年から10年だ。長期債の償還期限は10年から30年だ。

　もし償還期限が2年で3%の金利がついたアメリカ国債を10万円分買ったら、君はアメリカ政府に10万円渡して、その代わり政府は2年目の終わりに10万円返すことと、2年間毎年3%の金利を払うことを約束する。この場合、君が受け取る金利の総額は6000円だ。

10万円 × 3%の金利 ＝ 1年に3000円
1年に3000円 × 2年間 ＝ 6000円

　もし、償還期限が5年で3%の金利がついた国債を100万円分買うと、政府は5年目の終わりに100万円を返してくれて、5年間毎年3万円の金利を支払ってくれる。その場合、君は全部で15万円の利子を受け取る。

100万円 × 3%の金利 ＝ 1年に3万円
1年に3万円 × 5年間 ＝ 15万円

　償還期限が10年で4%の金利がついた国債を100万円分買

うと、政府は10年目の終わりに100万円を返してくれて、そのあいだ毎年4万円の金利を支払ってくれる。この場合に、君が受け取る利子の総額は40万円だ。

100万円 × 4％の金利 ＝ 1年に4万円

1年に4万円 × 10年間 ＝ 40万円

アメリカの中期国債と長期国債はふつう、**米国債（トレジャリー：treasury）**と呼ばれていて、金融ニュースのコメンテーターはよく、償還期限が5年の中期債を「5年物」、償還期限が10年なら「10年物」と呼んでいる。償還期限が**30年**の国債もあって、米国債としてはこれが最長なんだけど、よく「**長期物（ロングボンド）**」と呼ばれている。

　米国債のなかでいちばんよく話題になる**10年物**は、**金利の動きを占う**代表的な指標と考えられている。

　住宅ローンの金利は10年物の国債に影響されるので、今後の住宅ローン金利の行方を占うものとして10年物の利回りを見る人は多い。

　米国債は世界一安全な資産のひとつだと考えられていて、世界中の人が中期米国債や長期米国債に投資している。米国債はアメリカ政府の信頼と信用に裏づけられているので、**債務不履行（デフォルト）のリスクがない**と思われているんだ。つまり5年物の米国債を100万円分買えば、5年目の終わりに必ず100万円を返してもらえるし、そのあいだに必ず利子を払ってもらえるってことだ。

世界中の人が米国債を買っている

アメリカ政府は238年の歴史のなかで一度も債務不履行を起こしたことはないし、これからもないだろう。だから、アメリカより不安定な国の投資家の多くは、自分の国の国債に投資するよりも、米国債に投資するほうが安心だと感じている。世界中でどんなことが起きても、米国債なら利子もとどこおらず、償還期限には元本が戻ってくると信じられる。

　米国債のいちばんの買い手は……そう、中国だ！　中国政府は、世界中のどんな投資家よりも、米国債をたくさん買っている。「アメリカが中国のものになるかもしれない」なんて言う人が多いのは、そのせいだ。でも、彼らが米国債を買わなくなったら、国の運営に必要なおカネがアメリカ政府に入らなくなってしまう。悲しいけどそれが現実だ。

ベーシスポイント

　ベーシスポイントって、いったいなんだろう？　金融をスポーツにたとえたときの、試合の点数みたいなもの？　「ぼくのほうが君よりたくさん点数を稼いだから、ぼくの勝ち」みたいな？　ちょっとちがう。なんだか難しい金融用語みたいに聞こえるかもしれないけど、ベーシスポイントは単に、1％の100分の1の単位を表しているだけだ。

たとえば、君が銀行に10万円預金していて、銀行は3%の金利を君に支払うとしよう。1年目の終わりに君はいくらの金利を受け取るだろう？　答えは3000円だ。10万円の3%だから、3000円だよね。

　では、銀行が払う金利が1%だとしよう。1年目の終わりに、君はいくらの金利を受け取るかな？　1000円だ。10万円の1%だからね。

　じゃあ、その金利が1%よりも少なかったらどうなる？　たとえば、1%の4分の1とか、1%の半分だったら？　その場合、どう表したらいいだろう？　「ベーシスポイント」がわかれば、解決できる。

　ベーシスポイントっていうのは1%の100分の1の単位だ。だから、100ベーシスは1%だってことを覚えておかなくちゃならない。それを頭に入れたら、あとは簡単だ。くりかえすよ。100ベーシスが1%だ。

　100ベーシスが1%ってことは：

- 75ベーシスは0.75%
- 50ベーシスは0.5%
- 25ベーシスは0.25%
- 10ベーシスは0.1%
- 1ベーシスは0.01%

　ベーシスポイントというのは、1%の100分の1の単位だ。

　金利の話になると、いつもベーシスポイントの単位が使われるし、金融ニュースでコメンテーターが米国債の**利回り**について話すときにも、しょっちゅうこの言葉が使われる。た

とえば、10年物国債の利回りが今日2.87%で、翌日2.9%になったら、「利回りが3ベーシスポイント上昇した」と言う。2.64%の利回りが2.54%になったら、10ベーシスポイント下落したことになる。

　ベーシスポイントは、1%よりも細かい金利の動きを追いかけたり、表したりするときに使う。金利が6%から7%に上がったら、1%の上昇、つまり100ベーシスポイント上がったということだ。もし6%が6.5%になったら、0.5%、つまり50ベーシス上がったといえるね。

　銀行からおカネを借りる場合にも、この言葉が使われるよ。たとえば、君が銀行から1000万円借りることになったら、銀行の人は「あなたの金利は10年物国債よりも50ベーシス高くなります」って言うかもしれない。それはどういう意味だろう？　もし10年物国債の利回りが2.87%なら、それに50ベーシス足したものが、君の支払う金利になる。つまり3.37%だということだ。

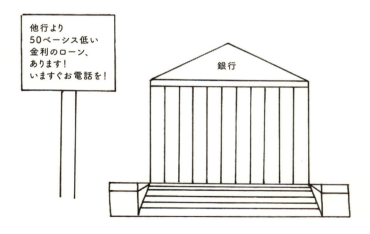

譲渡性預金（CD）

 譲渡性預金（Certificate of Deposit） は、CDと呼ばれている。

　君が100万円持っていて、それをいますぐ生活費に使う予定はないとしよう。どこか安全なところに置いておきたいし、すこしは利子を受け取りたいけど、リスクのある投資は絶対にしたくない。そんな場合には、銀行で100万円分のCDを買うのもひとつのやり方だ。

　君の100万円の代わりに銀行がくれる証書がCDだ。この証書に、君がいくら銀行に預けたか、どのくらいの期間預けることにしたか（1年から5年がふつうだね）、その期間に銀行がどのくらいの利子を払うことを約束したか（いまどきのアメリカなら3%くらい）が書いてある。

　金利が高いときにはCDは人気があるけれど、いまはすごく低いので、長いあいだ低金利でおカネを預けようっていう人はあまりいない。その代わりに、現金のままで持っておいて、もっと利回りのいい投資が見つかったらすぐにそちらに移そうと考えている人は多い。いずれにしろ、CDの存在を知っておくことが必要なんだ。

　たとえば1年物のCDを100万円分買うと、1年目の終わりに100万円と金利をもらえる。金利が3%なら、その年の終わりに103万円を返してもらえるんだ。

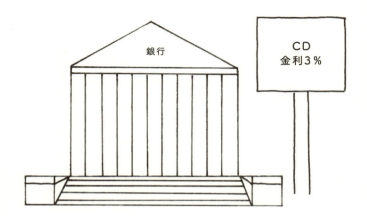

　CDのいいところは、元本と金利が保証されていることだ。**絶対に損はしない**。

　CDは一般に取引されていないので、株や債券みたいに売ることはできない。CDの価値は一定で、上がりも下がりもしないんだ（それに、日本ではCDの最低預金額はだいたい5000万円以上で、主に個人じゃなくて会社が使うものだ）。

　でも、もし丸1年経つ前に100万円が必要になったら、期限前でもCDを**現金**に**換える**ことはできる。だけどその場合には、**罰金**を払わなくちゃならない。そうなると、君が返してもらえる金額は95万円になってしまうかもしれないし、そのあいだの利子ももらえなくなる。

　CDを買うときには、このことも頭に置いておかないといけない。できれば、期限前にCDを現金に換えないほうがいい。

第8章 企業分析
（マジで、これをやるとすごく賢くなれる）

たくさんの銘柄が載ったリストにダーツを投げて、
ダーツが当たった銘柄を買えば万事オーケー、
なんて考えている人もいる。
でもきちんと自分で考えて、
企業の細かいことを深く調査すべきだと考えている人もいる。
株を買う前にしっかり企業を調査したいと思うなら、
次のことを頭に入れたほうがいい。

どうやって企業を分析したら、株を買うかどうか決められるの?

　企業をどう分析したら、その株を買ったほうがいいかどうかがわかるんだろう？　その会社の商品が好きかどうかとか？　それだけでいいのかな？　それももちろんひとつの考え方だよね。ほかの人もその株を買っているからとか？　それもいいかも。その会社の商品がこれからすごく売れはじめて、たくさんおカネが儲かることを期待しているとか？　うん、それもすごくいい考えだ。どの株がいいのかまったくわからないけど、とりあえず運にまかせてどこかの株を買ってみて、上がることを願うとか？　そうやってる人もいる。

　結局、株の選び方には、これが正しいとか、これがまちがっているなんてない。世界中にはたくさんの投資家がいて、

いろいろな方法で銘柄を選んでいる。それはそうなんだけど、プロのトレーダーやファンドマネジャーが株を買う前になにを基準にしているかについて、すこしは知っておいたほうがいい。

株を買う前に、多くの投資家が考える基準のいくつかを、ここで紹介しよう。

❶ **株価**：たとえば、過去1年間の株価にくらべて、いまの値段は高いか安いか。

❷ **株価収益率（PER）**：あとでくわしく話すけど、その株が割安かどうかを見るのに役立つ指標だ。ダウ平均のPERにくらべて高いだろうか、安いだろうか？　PERが10倍から15倍なら、かなり割安だと思っていい。もし50倍だったら、ありえない倍率だし、本当にきちんとした理由がないとそんな割高な株には手を出さないほうがいいかもね。

❸ 過去の業績：その会社は何年間利益を出し続けているだろう？　毎年利益が出ているかな？　その期間が長いほうがいい。利益が毎年増え続けているだろうか？　それとも頭打ちになっているかな？

❹ 市場シェア：その会社の市場シェアは伸びているかな？　それともライバル会社に押されて、シェアを奪われているだろうか？

❺ その会社の商品の市場全体：その会社の商品やサービスの市場は大きくなっている？　それとも小さくなっている？　できれば、伸びている市場にいる会社の株を買ったほうがいい。

❻ 新しいテクノロジー：その会社の商品の魅力を奪ってしまうような、新しいテクノロジーはあるだろうか？　その商品に取って代わるような新しいテクノロジーはあるかな？　その商品が時代遅れになって、だれも振り向かなくなる可能性はあるだろうか？

❼ マクロ経済の影響：いま世界で起きていることは、その会社に有利？　それとも不利？　戦争は始まるだろうか？　石油の供給はストップするだろうか？　その会社は気候変動の影響を受けるだろうか？

❽ 清算価値：その会社に予期しない問題が起きて、にっちもさっちもいかなくなって資産を売却するとしたら、どのくらいの価値になるだろう？　この会社の資産や事業部門を売却したら、いくらになるだろう？

❾ 経営陣：おそらくこれがいちばん大切なポイントだ。CEOやその他の経営陣は、どのくらい有能だろう？　自分のやっていることをきちんとわかっているかな？　これまで

にいい業績を残しているだろうか？ 業界で起きていることをいつも察知しているかな？ この会社のことを本当に気にかけているだろうか？

❿ 買収の標的になるか？：別の会社がその会社に買収を仕掛けると、その会社の株価は急に上がる。買い手は市場価格より高い値段を払わないとその会社を買うことはできないんだ。その会社は買収のターゲットになるかな？

⓫ 知的財産：その会社には重要な特許や商標があるだろうか？ いわゆる、「知的財産」と呼ばれるものだ。特許があれば競争を避けられるし、少なくともある程度の期間は、ライバル会社がその会社の商品をマネするのが難しくなる。特許というのは、お城の周りのお堀みたいなものなんだ。特許がたくさんあればあるほど、お堀は広く深くなるし、敵は攻めにくくなる。商標についても同じことがいえる。「クリネックス」は商標だよね。「コカコーラ」も。「ゲータレード」も。「iPhone」もそうだ。こうしたブランドは消費者によく知られていて、それを持っている企業の価値を上げてくれる。

⓬ 配当があるか：配当、つまり利益の分配のある株しか買わないという投資家は多い。それを将来の生活の足しにしたいと考えているからだ。もし君にとって配当が大事なら、長期間安定して配当を支払っている会社を探すといいよ。

　ここに書いたのは、プロの運用者が銘柄選びの際に考えていることのほんの一部だ。参考にしてみてね。

株価収益率(PER)

　銘柄を選ぶときにみるポイントのひとつが、**株価収益率**、つまり**PER（Price/Earnings Ratio）**だ。金融の世界では、ほとんどの人がこれを株価分析の基準のひとつとして使っている。では、PERってなんだろう？　銘柄選びにどう役立つのだろう？　それをこれから見ていこう。

　PERは、いまの株価をその会社の1株あたり利益で割ったものだ。

　　PER＝P÷E＝ 株価÷1株あたり利益

　これを計算するには、次の情報が必要になる。

❶ **現在の株価**：ここでは仮に2000円としよう。
❷ **昨年1年間の利益**：その会社の昨年の利益は1億円だったとする。
❸ **発行済み株式数**：その会社の株式の総数。ここでは発行済み株式数を100万株としよう。
❹ **1株あたり利益（EPS）**：これは簡単だ。その会社の利益（ここでは1億円）を発行済み株式数（100万株）で割ればいい。この例では、1株あたり利益は100円だ。

この情報があれば、君もPERを計算できる。やってみよう。

❶ いまの株価を調べる：これは簡単だね。パソコンでその日の株価を見ればいい。仮に2000円としよう。
❷ 株価を1株あたり利益で割る：この例だと、次のようになる。

P÷E＝2000円（株価）÷100円（1株あたり利益）＝20

　つまり、この銘柄のPERは**20倍**ってことだ。
　でも、どうしてこれが大切なんだろう？　それから、この情報をどう利用したらいいんだろう？

　PERは、君の買おうとしている銘柄がほかの銘柄にくらべて割高か、割安か、同じくらいかを教えてくれる。
　これは本当に大事なポイントだ。だからくりかえすね。**PERとは、その株価がほかの銘柄にくらべて、高いか、安**

いか、同じくらいかを教えてくれるものだ。これは、買うかどうかを決める前に、必ずチェックしなくちゃいけないデータのひとつだ。

いまこの本を書いている時点で、ニューヨーク証券取引所に上場している銘柄の平均PERは、15倍あたりだ。ということは、投資家は、その会社の利益1ドル（これがEにあたる）につき、平均で15ドル（これがPにあたる）を支払っているわけだ。

P÷E＝15ドル（株価）÷1ドル（利益）＝15

もし君がPER35倍の株を買う場合には、その会社の1株あたりの利益100円につき、3500円を支払うことになる。PERが10倍ならば、利益100円につき1000円を支払うってことだ。

PERが高いか低いか自体は、いいとも悪いともいえない。PERはただのデータだからね。株価がちょうどいいかどう

かを判断するための、情報のひとつにすぎないんだ。

　とはいっても、君が買おうとしている銘柄のPERが15倍（ニューヨーク証券取引所の上場企業の平均）より上なら、「なぜだろう？」と考えてみたほうがいい。なぜみんなその株にこれほど高い値段を払っているんだろうってね。なにか特別な理由があって、それほど高い株価がついているのか、それともいまの株価がバカバカしいだけなのか？

　ここに、実際の企業を使って興味深い例をいくつか紹介しよう。これは2014年3月12日のデータだ。

❶ **イルミナ（ILMN）**：この会社はDNAを解析する機械をつくっている。PERは82倍だ。
❷ **ウェルズ・ファーゴ（WFC）**：ウェルズ・ファーゴは大きな銀行だ。PERは12倍。
❸ **テスラ（TSLA）**：テスラは超かっこいい電気自動車をつくっている。PERはない。そう、ないんだ！

　PERが12倍のウェルズ・ファーゴではなくて、82倍のイルミナを買いたい人がいるのはどうしてか、考えてみよう。利益1ドルあたりに82ドルじゃなくて12ドル支払うほうが、得な気がするよね。なぜだろう？

　PERが82倍のイルミナの株を、たくさんの賢い投資家が買っている。超高いPERでもおかしくないと思うのは、彼らがなにを知っているからだろう？

　最後にテスラを見てみよう。テスラのPERはない。なぜかって？　答えは、この会社はまったく利益を出していないからだ。そう。すごくかっこいい自動車をつくって販売しているけれど、まだ利益は出ていない。毎日損失を出しているんだ。だから利益はゼロだ。ってことは、PERは計算できない。**利益のない企業のPERはない**。

　でも、テスラがすごいのは、まったく利益がなくても、ぼくがこの本を書いている時点で株価は241ドルで、時価総額が290億ドルにものぼっていたことだ！（「時価総額」＝発行

済み株式数×株価、覚えておこうね)。

利益もない企業に290億ドルもの価値があるのはどうしてだと思う？　それは、いずれこの会社がすごく儲かって、めちゃくちゃ成功するだろうと投資家が考えているからだ。もしそうなれば、株価はもっと上がって、いまの241ドルが安く思えるかもしれない。でも、そうならないかもしれない。いまの株価で買っている投資家は、あとで失敗だったと気づくかもしれない。

　　PERのいいところは、自分で計算しなくてもいいってことだ。株価を見ると、いつもPERが株価と一緒に出ているよ。

償却前税引き前利益（EBITDA）

　　CNBCやブルームバーグなどの金融ニュースを見たり、経済紙を読んでいると、EBITDAっていう言葉に出くわすはずだ。すごくよく使われているからね。

　EBITDAは財務用語で、ここではあまり細かいことは説明しないでおこう。いま君に知っておいてほしいのは、それが「金利支払い前、税引き前、減価償却前（Earnings Before Interest Taxes Depreciation and Amortization）」の利益を示すってことだ。

　いつか君も財務の授業を受けるだろうし、そのときに企業がどのように会計や財務を管理しているか、収入と費用をどう記録しているか、毎年の利益をどうやって計算しているかを学ぶだろう。

　いまは、EBITDAというのが、金利の支払いや税金や減価償却（この話はまた今度ね）やのれんの償却を**引く前**の利益だということを覚えておこう。

　とりあえずは、❶「EBITDAを聞いたことがある」って言えて、❷それがなにかと聞かれたときに、「その会社の利益額に関係すること」だと言えればいい。それで充分だ。

市場シェア

　市場シェアも単純なことだ。アメリカに2つのドーナツ会社があるとしよう。「スーパードーナツ」と、「メガドーナツ」だ。仮に、アメリカで毎年100万個のドーナツが売れていて、スーパードーナツがそのうち60万個、メガドーナツが40万個を占めているなら、この国で販売されているすべてのドーナツのうち、スーパードーナツの市場シェアは60%、メガドーナツは40%ということになる。

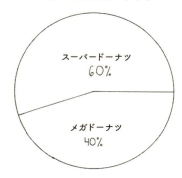

ドーナツの市場規模：年間100万個

メガドーナツは、来年はスーパードーナツに絶対勝つと決意した。メガドーナツのCEOはテレビのインタビューで「新製品のおいしいドーナツに賭けている。スーパードーナツから絶対にシェアを奪う」と言っていた。なにを奪うって？「シェアを奪う」ってどういうこと？

　「**シェアを奪う**」とか「**市場シェアを取る**」ということの意味は、メガドーナツがスーパードーナツの60％の市場シェアを欲しがってるっていうことだ。メガドーナツは来年アメリカのドーナツ全部の40％以上を売りたいし、そうできれば市場シェアは増えるだろう。もしそうなったら、スーパードーナツから「シェアを奪った」ことになる。
　ドーナツ市場も、それ以外のどんな市場も、全体はいつも100％だから、メガドーナツの割合が増えれば、スーパードーナツの割合は減る（アメリカにほかのドーナツ会社はないという前提だからね）。

来年アメリカで150万個のドーナツが売れたら、市場全体は去年の100万個から50％伸びたことになる。メガドーナツが昔のように40％ではなく、いまは市場の67％を押さえているとすると、拡大している市場で、スーパードーナツからシェアを奪ったっていうことだ。

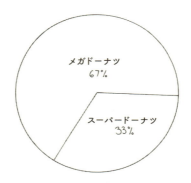

メガドーナツの市場シェア増加

決算発表期

　決算発表期とは、1年に4回、上場企業が業績を発表する時期のことだ。企業業績の報告は、**四半期報告（quarterly report）**とも呼ばれている。

　1月から12月までの1年間は4つの「四半期」に分かれる。

❶ 1月から3月までが第1四半期（**Q1**）で、この期の業績は毎年4月に発表される

❷ 4月から6月までが第2四半期（**Q2**）で、この期の業績

は毎年7月に発表される

❸ 7月から9月までが第3四半期（**Q3**）で、この期の業績は毎年10月に発表される

❹ 10月から12月までが第4四半期（**Q4**）で、この期の業績は毎年1月に発表される

　上場企業はみんな、四半期業績を報告する義務がある。ウォール街はその報告をいまかいまかと待っている。それを見て会社がうまくいっているかどうかを知り、その会社の株を買うか売るかを考えるんだ。
　2週間のあいだにほとんどの上場企業の四半期業績が発表されるので、情報がいっせいに出るこの期間を「**決算発表期**」と呼ぶんだ。
　四半期業績が発表されたあとにすぐ、経営陣とウォール街のアナリスト、記者、株主とのカンファレンスコール（業績報告のための公開電話会議）が開かれる。会社側は前の四半

期の業績を説明して、株主やアナリストの質問に答える。こうした場で投資家がいちばん聞きたいのは、先行きの見通し、つまり業績予想（ガイダンス）だ。

業績予想（ガイダンス）

会社側が出す業績予想は、「**ガイダンス**」と呼ばれる。たとえば、株式評論家はよく、「会社側は今期残りのガイダンスを下方修正した」（今後数四半期の売上と利益を、以前より低く予想しているってことだ）とか、反対に、「今後の売上と利益の予想を上方修正した」なんて言う。

「**ガイダンス**」とは、これから数カ月の業績を、会社側がどう予想しているかを表すものなんだ。

配当

　どんな会社も、おカネを儲けることを目的にしている。儲けは多いほどいい。おカネが儲かっているときには、だいたいその会社の株価は上がるし、社員も株主もハッピーだよね。

　おカネが儲かると、たくさん現金が貯まって、それをどう使うかが決まるまでは、その現金は銀行に置かれたままになる。稼いだおカネの大部分は、その会社の成長を助けるために大切にとっておかれるけれど、その一部を使って株主に**配当（dividend）**を出す企業も多い。

　たくさんの会社が毎年株主に配当を出そうと努力しているし、これまで20年やそれ以上の期間、毎年配当を出し続けてきたことを誇りにしている企業も多い。株主は配当を心待ちにしているし、それを生活費の足しにしている人も多いんだ。**高配当銘柄**は人気があって、とくに引退した人たちは配当をお給料代わりとして考えている。

配当の分配について決まった公式はないけれど、株価の2%から5%くらいが一般的かな。

ある会社の株価が1万円だとしたら、1株あたりの配当は200円から500円くらいだと考えられる。君がもしその会社の株を1000株持っていたら、年に20万円から50万円の配当を受け取れる可能性がある。配当額は、会社が株主への分配をどう決めるかによるし、君が何株保有しているかにもよる。

特別配当

なにかの事情で、一時的に現金が積み上がる場合もある。たとえば、一部の事業を売却して、たくさんのおカネを受け取ったときや、これまで長年利益を使わずにずっと貯めてきたような場合だ。そんなとき、取締役会は、そのおカネを使

って株主に「**特別配当（special dividend）**」を出すよう決めることもできる。それはしょっちゅうあることじゃなくて、株主がこの先も定期的に期待できるものではないから、「特別」という言葉がつくんだよ。

自社株買い

　会社に必要以上の現金があるときに、取締役会が行えるもうひとつのことが、**自社株買い（stock buyback）**だ。アップルが2014年にやったことが、まさにそれなんだ。

　2013年9月の時点で、アップルは1560億ドルの現金を持っていた。これってものすごい金額だし、上場企業が保有している現金の額としては、歴史上最大だったらしい。

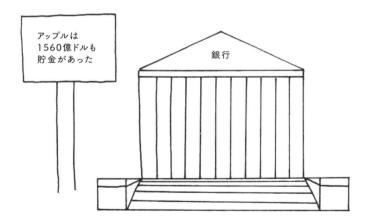

　こんなにたくさんの現金をどう使ったらいいか、アップルの取締役会は頭を悩ませた。事業運営に必要とする以上の現

金を持っていたので、アップルの株主は自分たちにおカネを配るか、そうでなければ株主価値を上げるようななにかに使うべきだと会社に訴えた。

アップルには2つの道があった。

❶ 特別配当
❷ 自社株買い

アップルはその両方を行うことに決めた。特別配当を出したうえに、アップルの株を市場で買うことにしたんだ。

自社株買いをすると、ふつうは株価が上がる。というのは、「**浮動株（float）**」、つまり一般の株主が取引できるアップルの株数が減るからだ。会社が買い上げた株式が消却されると、その分だけ株数が減る。もうわかっていると思うけど、株は会社の所有権だから、株数が少なくなればなるほど、1

株の価値は上がる。

T. R. E. N. T. 株式会社の株数が1000万株で、1株の価値が100円だとすると、この会社の時価総額は10億円になる。

ここで仮に、君が自社株買いをした結果、株数が1000万株から100万株に減ったとしよう。900万株を買い戻して、もう上場企業じゃなくなった。そうしたら、株価はどうなる

かな？　正解は、「上がる」。

　T. R. E. N. T. 株式会社はいまも前と変わらずすごくうまくいっているので、前と同じく10億円の価値がある。でも、自社株買いによって株数が1000万株から100万株に減ったから、いまの株数をもとにすると、1株の価値は1000円になる。自社株買いによって株価が100円から1000円に上がるので、株主はホクホク顔になる。

1000万株から100万株に減ったら、1株の価値は上がるわ。少ない株で、同じ価値の会社を所有してるってことだもの

透明性

　投資家は、投資先の企業でなにが起きているかを知りたいはずだ。その会社の戦略や、収益や、ライバルや、業績予測や、そのほかのいろいろな情報をいつもウォッチしている。積極的に情報を出していない会社には、「もっと透明性が必要だ。もっと情報を出してほしい」と言う人は多いよね。

　「**透明性**」とは、簡単にいうと、会社の内側で起きていることを、投資家にはっきりと見せなくちゃいけない、ってことだ。情報の少ない企業は、透明性を上げなくちゃならない。

上場企業（Public Company）vs
非上場企業（Private Company）

　これはわかりやすいよね。**非上場企業（private company）** とは、ニューヨーク証券取引所やナスダックといった証券取引所に株式を公開していない企業だ。非上場企業にも、上場企業と同じように株主はいる（上場企業は株主数が多い）。ただし、その株が一般の市場で取引されていないというだけだ。

　たとえば、もし君が非上場企業の株を持っていたとしても、証券会社のウェブサイトなどで株価を見ることはできない。アップルやフェイスブックやマクドナルドの株価は見られるけどね。それに、非上場企業の株を売りたいと思ったら、問題に突き当たる。非上場企業は証券取引所に株式を公開していないので、証券会社に電話して、「売ってくれ」と言うこともできない。自分で買い手を探して取引するしかないけれど、それはすごく難しい。だから、非上場企業の株は「**流動性がない**」と言われる。市場ですぐに売れないからね。

　上場企業（public company） はその反対だ。株式が一般に公開されている。パソコンのボタンを押すだけで、世界中のだれでもその会社の株を手に入れることができる。上場企業にはものすごく大勢の株主がいて、その株はとても「**流動的**」なんだ。いつでも好きなときに売買できる。

　企業が**株式を公開**すると、非上場企業には適用されないたくさんの法律や金融規制を受けることになる。その前提のもとに株式を公開するんだ。たとえば、

❶ 上場企業は、東京証券取引所やニューヨーク証券取引所、ナスダックといった証券取引所に株式を公開していて、どの取引所もどんな会社を上場させて、どんな会社を上場させないかっていう基準を設けている。もし君の会社がその基準に合わない場合には、株式を公開できないし、一般の投資家はその取引所で君の会社の株を売買できない。

❷ 上場企業は業績を開示して、財務諸表をだれにでも見られるようにする義務がある。アニュアルレポート（年次報告書）を公開し、株主総会を開き、株主に取締役を選んでもらい、ときにはCEOの報酬も株主に承認してもらい、会社を売却するときには賛成か反対かを株主に投票してもらわなくちゃならない。上場企業はすべてを一般に公開して、ぼくや君がおうちのコンピュータからどんな情報でも手に入れられるようにしなくちゃならない。20年前には、そうした情報はプロの証券マンだけが握っていたんだ。

❸ 上場企業は、自社の財務や業績の予想を表に出すときは、とても慎重にしなくてはならない。本当のことを言っていれば大丈夫だけど、ウソをついたり誇張したりすれば、証券取引委員会ともめ事が起きる。政府や個人株主から訴えられる可能性もある。そんなことはしょっちゅうあるんだ。

❹ 業績を開示し、一般の人たちからの厳しい監視に耐えてまで上場企業でいるのは、割に合わないと判断する会社もある。そうなったら、たくさんおカネを持っている投資家が集まって、その会社を非上場にすることもできる。つまり、公開している株を全部買い取って、証券取引所への**上場を廃止**し、**非上場企業に戻って**会社を経営するってことだ。そうしたら業績開示なんていう大変な仕事もなくなるけれど、株式は市場で取引できなくなる。だから、これには一長一短がある。非上場にすればいいこともあるけれど、都合の悪いこともある。

　非上場企業にもルールや規制はあるけれど、上場企業ほどたくさんのルールにしたがう必要はない。
　非上場企業の株主にも、上場企業の株主と同じ法的な権利がある。その会社がなにをしているのかを知る権利があるし、財務諸表を見る権利もあるし、特定のことについて投票する権利もある。でも、その会社の経営は一般に公開されてない

し、事業の詳細もインターネットに載ってないから、世界中のみんなが見られるわけじゃない。そこが、上場企業と非上場企業の大きなちがいだ。

52週移動平均

　これもまたよく使われる言葉で、株を勉強しているとしょっちゅうお目にかかる。「52週移動平均」っていうのは、過去52週間の株価の平均なんだ。移動平均値は毎週変わる。というのも、平均値を出すための「52週間」がどこからどこまでか、毎週変わるからだ。

　たとえば、グーグルの去年の平均株価がどの週もすべて530ドルだったとすれば、52週移動平均は530ドルになる。翌週に52週移動平均株価を計算するときには、52週前の値を除いて、今週の平均株価を加える。週が進むごとに、いちばん古い週を除いて、新しい週を足していく。だから、52週移動平均値はいつも変わっている、というか動いているんだ。

「移動平均」を計算するには、いちばん古い1週間を捨てていちばん新しい1週間を加えればいい

どうしてそれが大切かって？　どうしてそれを知る必要があるんだろう？　その値自体がそれだけで絶対に必要ってわけじゃなくて、「グーグルのいまの株価が過去にくらべてどのあたりにあるか」を知るための情報のひとつだと思ったほうがいい。

　それに、**移動平均**は、その株がどちらの方向に向かっているかを示すものでもあるんだ。52週平均のチャートは、株価が上昇傾向にあるのか、下降傾向にあるのかについて、たくさんのことを教えてくれる。株を売買するときには、ほかのたくさんの情報もそうだけど、これだけが決定的なものではないんだ。君の分析を助けてくれるデータのひとつと考えよう。

第9章 おカネを借りる
（絶対に、借りすぎないこと！）

人がおカネを借りる理由はいろいろだけど、
借りるより返すほうがだんぜん難しいってことは、
覚えておいたほうがいい。
借金は慎重に。
そうでないと、返すのがだんだん
大変になってくるからね。

住宅ローン

自宅を買うためにおカネを借りるのは、すごく一般的だ。家を買うには、2通りの方法がある。

❶ 現金で買う
❷ 一部を現金で支払って、残りを銀行から借りる

家を買うためにおカネを借りると、銀行は君が買おうとしている不動産を担保に取って、**抵当権（mortgage）**を設定する。では、抵当権ってなんだろう？

抵当権とは、君がいま買った家は銀行から借りたおカネで手に入れたものだってことを、はっきりさせるものなんだ。将来、だれかが君から家を買う場合には、君（家の売り主）がおカネを受け取る前に、抵当権を持っている人がおカネを

受け取ることになる。

例を見てみよう。君が5000万円の家を買いたいとする。でも現金を2000万円しか持っていないから、銀行に行って3000万円借りることにしたとしよう。君は3000万円を借りる前に、たくさんの書類に署名させられて、銀行におカネ（と利子）を返すことを約束し、君の家に抵当権を設定することに合意しなければならない。

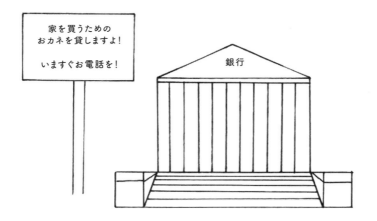

書類にサインして契約が完了すると、銀行は君の家に**抵当権を設定する**。すると、君の家が銀行の担保物件として記録される。つまり、それが**登記書に記録されて**、将来その家を買いたい人はだれでもそれを見られるようになる。未来の買い手は、住宅ローンが返済されて銀行がおカネを返してもらって初めて、その家を手に入れることができる。シンプルだよね。

住宅ローンを借りると、元本と利息の両方を毎月期日に銀

行に返していかなくちゃならない。毎月決められた日に、遅れずに返さないといけない。返済が遅れたり、止まったりしたら、**債務不履行（デフォルト）**になる。そうなったら、銀行はすぐに「**差し押さえ**」の手続きを始めて、君の家を売って貸したおカネを回収しようとする。

　この例では、君が銀行から借りた3000万円を返せなくなったら、銀行は君の家を差し押さえて、裁判所は君の家を競売にかけて、いちばん高い入札者に売るように命令できる。もしいちばん高い入札額が4000万円なら、家はその金額で売られて、銀行は貸していた3000万円（と利子）を回収する。君も、残りのおカネ（から弁護士費用やそのほかの費用を引いた金額）をもらうことができる。

　でも、もしいちばん高い入札額が2500万円だったら、銀行は売却金額を全部もらって、それでも君が借りた3000万円のうち、500万円は君が返さなくちゃならない。それはか

なりまずい状況だ。5000万円で買ったおうちを2500万円で売らなくちゃならないんだから。

君は家を買うのにつぎ込んだ2000万円をなくすし、家も売られて立ち退かなくちゃいけないし、**そのうえに**まだ銀行に500万円も借金が残ってる。めちゃくちゃまずいよね。

住宅ローンはきちんと遅れずに返済しなくちゃならないから、身の丈に合わない家を買っちゃいけない。**これだけは絶対に覚えておこう。収入の範囲内で生活をすること。**

償還

さらに考えてみよう。君は家を買うために3000万円借りたばかりで、銀行におカネを返さなくちゃいけない。でもそういうとき、毎月の支払い額はいくらになるんだろう？　それを何カ月続けるんだろう？

住宅ローンは、5年で返す場合も、15年で返す場合も、30年で返す場合もある。それは、**住宅ローンの条件**による。

またさっきの例に戻ろう。もし、3000万円の借入金を毎月10万円ずつ返していくと、すべてを返し終えるまでに300カ月かかる。だよね？（ここでは、単純にするために金利を除いて考えることにしよう）。

もし毎月20万円ずつ返せば、返済が終わるまでに150カ月かかる。毎月1000万円ずつ返せば、完済に3カ月しかかからない。わかったかな？

毎月決まった額を支払って借金をすべて返済するまでの過程を、「ローンの**償還**」っていう。返済までに必要な期間や、毎月の返済額を決めるんだ。

償還期間っていうのは、ローンを返すまでに必要な期間のことだ

　3000万円を返済するのに10年かかる場合は、10年償還という。30年かかる場合は、30年償還という。そんな感じだ。いい？

信用格付けと不動産以外のローン

　銀行にはいろいろなローンがあるけれど、おカネを貸す前には、貸したおカネが確実に返ってくるように、ありとあらゆる策を講じる。さっき住宅ローン（不動産ローン）の例でも見たけど、家に抵当権を設定して、無理やり売っておカネを取り戻すこともできるんだ。

　でも、借り手が担保になるような不動産を持っていない場合や、ほかの種類のローンの場合には、どうやって銀行は自分を守るんだろう？　借り手にローンを返す意志と能力があるってことを、どうやってたしかめるんだろう？

　どんなローンでも、返済が確実に保証される方法はないけれど、銀行はローンを出す前に必ず、借り手の**信用格付け (credit rating)** をたしかめている。これからそれを見ていこう。

2人の男性が銀行にやってきて、どちらも500万円を借りようとしている。ひとり目の男性ジャックは50歳で、ゼネラルモーターズに25年も勤める上級副社長で、自宅を持っていて住宅ローンはすでに払い終え、いままでだれからも一度もおカネを借りたことがなくて、年収は2500万円ある。もうひとりの男性トムは25歳で、マクドナルドで時給900円で働いていて、学費ローンが750万円残っていて、自動車ローンもまだ50万円抱えていて、この1年で4回も転職していて、大学は卒業していない。

　銀行はどちらにおカネを貸したがるだろう？　それはなぜだろう？

　答えは簡単だ。ジャックのほうが、おカネを返してくれる確率がはるかに高い。トムは「**信用リスク（credit risk）**」が高すぎるんだ。だからジャックはおカネを借りられて、トムはおそらく借りられないだろう。

　ジャックはトムよりはるかに収入が多くて、借金もないか

ら、500万円借りても月々の返済におカネを充てる余裕がある。それにくらべて、トムは生きていくのにも大変な状態だ。稼いだおカネは全部生活に使っていて貯金はないし、失業したら食いつなげない。銀行にとってジャックはリスクではないけれど、トムはリスクが大きい。

銀行は、君がちゃんと返してくれると判断したときだけ、おカネを貸してくれるんだ

　信用リスクが高いかどうかの判断は、だいたいその人の信用格付けがもとになる。いまの例では、ジャックの信用格付けは、トムよりもはるかに高い。
　信用格付けは学校のテストの点数みたいなものだ。100点の生徒もいれば、90点の生徒も、60点の生徒もいる。信用格付けも同じようなものなんだ。アメリカでは、信用格付けは、FICOという会社が開発したスコアをもとにしている。これは、数学的なモデルを使って、借り手のリスクと返済の確率を判断するもので、スコアは300（最低）から850（最高）まである。

　学校のテストなら、勉強すれば点数を上げることができる。でも、FICOのスコアはそうじゃない。これは個別企業からの情報をもとにしていて、自分が点数をつけられていることさえ自分じゃわからないんだ。クレイジーだよね？

　信じられないかもしれないけれど、君がまったく気づかないあいだに、あれやこれやの手をつくして君に関するありとあらゆる財務情報を集めている会社がある。学校のテストの

点数みたいに君に点数がつけられて、君について集められたデータが売られ、銀行とかほかの企業に君のスコアが送られる。それは、すごく大きな産業になっている。

アメリカの3**大信用調査機関**は、次の3社だ。

❶ エクスペリアン（Experian）
❷ エクイファックス（Equifax）
❸ トランスユニオン（TransUnion）

この3つも、ほかの信用調査会社も、次の5つの項目で君の情報を集めている。

❶ 支払い履歴
❷ 信用履歴の長さ
❸ 現在の借入額
❹ 借入の種類
❺ 新規の借入

意外なことに、年収や雇用歴はFICOスコアには入っていないけれど、ローンを承認するかどうかを決めるときには、そうしたことも見る貸し手は多い。FICOスコアと、ローンの承認とは別々のことなんだ。FICOスコアがよくてもローンが降りないこともあるし、逆にFICOスコアが悪くても、君がきちんと期日を守って返済し、期限までにローンを返し終えると銀行が信じれば、ローンが降りることもある。

信用スコア、または信用格付けは、何年も君についてまわ

るものだ。高級デパートのニーマン・マーカスに入ってクレジットカードを申し込んだときに、「申し訳ございません。ニーマン・マーカス・カードを発行できません」なんて言われるかもしれない。えぇ？　どうして？　なんで断られたんだろう？

　小売店は、信用調査会社からの報告を受けて、クレジットカードの発行を断ることが多い。そのお客さんの信用調査レポートによくない情報がある場合や、FICOのスコアが低い場合、借金がたくさんある場合など、理由はさまざまだ。お店が悪い情報を受け取ると、君はその店のクレジットカードを手に入れることはできない。そんなことはしょっちゅうある。

```
信用調査レポート
 1. 職業は？
 2. これまでの
    収入は？
 3. 期限内に
    支払ってる？
 4. 破産したことある？
 5. 貯金はある？
```

　ほとんどの人は自分の信用調査レポートを見たことがないし、信用調査会社に連絡して自分に関してどんな財務情報が集められているのかを見ることもないし、自分のFICOスコアなんてまったく知らない。

いまの社会では、こうしたことにいつも注意しておく必要がある。アメリカに住んでいる人はみんな、連邦法によって、3社の全国的信用調査会社のいずれかから毎年、自分の信用調査レポートを無料で取り寄せることができる。自分についてなにが書かれているのかを見るのはいいことだ。信用調査報告がまちがっていることもけっこうあるし、本当は信用のある人がローンを断られている場合もある。

　まちがった信用調査書を正すために何年も闘っている人は多いし、いまではまちがった信用調査を正すことを専門にしている弁護士もいるんだよ。

債務不履行（デフォルト）

　人生でなにかうまくいかないことがあると、他人を責める人は多いよね。ちがう？　そんな人を見たことがあるはずだ。そんな人たちは、「俺を責めるなよ、あいつのせいなんだ」とか「彼女のせいよ」なんて言うよね。わかる？（冗談だよ）。だれかの責任（フォルト）にしてるんだ。でもここで話すのはフォルトのことじゃなくて、おカネや金融の世界の**不履行（デフォルト）**のことだ。

　デフォルトっていうのは、おカネを返せなくなったってこと。それだけだ。もし自治体が新しい学校を建てるために債券を発行して、償還期限がきたときに債券保有者におカネを返せないと、自治体は**債務不履行**に陥ったってことになる。

　もし君が銀行から1000万円借りて返せなかったら、君はそのローンをデフォルトしたってことだ。君が事務所の賃料を払えなくなったら、賃料を踏み倒したってことで追い出さ

れるよね。それと同じだ。デフォルトというのは、借りたおカネを返せなくなったってことなんだ。

> **債務不履行通知**
>
> あなたのローンは
> 不履行となったことを
> ここに通知します

　君がだれかにおカネを貸す場合には、たとえば債券を買うときもそうだけど（債券を買うのは、債券を発行する人におカネを貸すのとまったく同じことだからね）、「このローンがデフォルトするリスクはどのくらいか？」を考えなくちゃいけない。言いかえると、「借り手がおカネを返せなくなる可能性はどのくらいあるだろう？」ってことだ。

　もしデフォルトのリスクが高い場合には、おカネを貸さないほうがいいし、最低でもそのリスクを埋め合わせるくらいの高い金利をもらったほうがいい。

　デフォルトした借り手は破産するかもしれない。そうなると、貸し手にとっては都合が悪い。破産すると貸したおカネは帳消しになって、結局戻ってこないことも多いんだ。おカネを貸す場合には慎重に考えて、信用格付けの低い相手やデフォルトのリスクが高そうな相手は避けたほうがいいね。

破産

　破産とは、裁判所によって債務を帳消しにしてもらい、ロ

ーンを返さなくていいように申し立てる、法的なプロセスだ。裁判所が破産申請を認めてプロセスが完了したら、借りたおカネは返さなくてよくなり、借金がなくなって人生をやり直せる。

破産を申請する人にとっては、これはいい知らせだよね。でも、**破産を宣告された人は、とても高い代償を払わなくちゃならない**。多額の債務が帳消しになって、借金を返さなくてよくなるけれど、いちど破産を宣告されるとそれが何年もつきまとうし、なかには破産によっても帳消しにならない借金もある。

破産

負債
車のローン　帳消し
カードローン　帳消し
銀行ローン　帳消し

破産を申請すると、その後おカネを貸してもらうことはすごく難しくなる。クレジットカード会社からはカードの発行を断られる（デビットカードならもらえるけどね）。アメリカの場合、君が弁護士なら、州の法曹協会に破産申請を報告しなくちゃならない。そのあと財務書類に記入するときには、「過去に破産を申告したことがありますか？」という問いに

「はい」と答えなくちゃならない。貸し手にできるかぎりおカネを返すために、自分の資産を売り払うことを強制され、このプロセスを助けてくれる弁護士に大金を支払うはめになる。すべてが終わって破産のプロセスが完了するときには、君はなにもかも失っている。

だから、どんなことがあっても破産は避けたほうがいい。おカネをきちんと運用して、**身の丈に合った生活を送っていれば、破産なんて考える必要はないはずだ。**

LIBOR
（ライボー）

LIBORっていうのは**ロンドン銀行間取引金利**（London Interbank Offered Rate）の頭文字だ。ロンドンの銀行が、ほかの銀行からおカネを借りるときに支払う**金利**のことを指すんだよ。

LIBORは短期金利の指標になっていて、アメリカなどの企業の日々の経営に大きく関係している。いちばんは、企業が銀行からおカネを借りるときだ。銀行は借り手に、「LIBORプラス2ポイント」とか「LIBORプラス1.5ポイント」とか「LIBORより3ポイント上で」なんて言って、おカネを貸す。ポイントっていうのは、「%」のことだ。もしLIBORが2%で、君が「LIBORプラス2ポイント」でおカネを借りるとすると、君が払う金利は4%になる（LIBORの2% + 2% = 4%）。

LIBORは日々動いていて、インターネットで毎日レートを見ることができるよ。

第10章 金利
(寝てるあいだに儲けよう)

金利（利息）っていうのは、だれかのおカネを
使わせてもらうための費用のことだ。
もし君がおカネを**借りたら**、借りた金額に利息を
つけて返さなくちゃいけない。もし君がおカネを**貸したら**、
貸した金額と利息を返してもらえる、ってわけだ。

単利

「単利（simple interest）」は、言葉どおりすごく単純だ。君がだれかに100万円貸して、7%の単利を支払ってもらえるとすると、おカネを貸しているあいだずっと、毎年7万円受け取ることができる。

たとえばもし君が5年のローンをだれかに貸す場合、毎年次のような利息を受け取ることになる。

　　1年目　100万円 × 7% ＝ 7万円

　　2年目　100万円 × 7% ＝ 7万円

　　3年目　100万円 × 7% ＝ 7万円

　　4年目　100万円 × 7% ＝ 7万円

　　5年目　100万円 × 7% ＝ 7万円

利息の合計：35万円

じゃあ、この35万円は、いつ支払われるんだろう？

借り手が毎年7万円を支払う約束になっている場合もある（毎月支払うことになっている場合もある、つまりこの場合なら月に約5833円を支払う）。これが、**直接利息（current interest）**と呼ばれるものだ。

でも、借り手が5年目の最後まで利息の支払いを引き延ばせるようなローンもある。その場合、借り手は1年目から5年目までは利息を払わずに、元本の100万円を返すときに一緒に35万円を返す。これが、**経過利息（accrued interest）**と呼ばれるものだ。

単利の場合、利息支払いのタイミングにかかわらず、借り手は全部で35万円の利息を支払えばいい。5年目の終わりまで利息の支払いを引き延ばしても、余分なおカネはかからない。

ところが、「複利」になると、そうはいかない。7％の複利ローンの場合、借り手が支払う利息の額は35万円を超える。どうしてだろう？

複利

　金融の世界で、**複利（compound interest）**っていうのはものすごく大切なことだ。これは忘れちゃいけないよ。何度も何度も頭に刻み込んでほしい。複利、複利、複利ってね。

　貸し手にとって、複利は投資リターンを何倍にも上げてくれるものなんだ。どうやって？　最初に貸した100万円に利息がつくだけじゃなく、**利息にも利息がつく**からだ。借り手は毎年、支払わなかった利息全部に対して、余分な利息を支払わなくちゃならない。

　では、さっきの単利のところでみた、「100万円を5年間貸す」という例に戻ろう。金利は7%で同じだけど、今回は複利だ。

　最初の年に借り手が君に支払うべき利息は同じ7万円だけど、さっきとちがって、今回は借り手がまだ君に利息を払わなかったとしよう。つまり、借り手は5年目の終わりまで、利息を支払わないことにしたとする。

　利息が増えはじめるのは2年目からで、それはローンの返済期日まで毎年増え続ける。そのちがいがどれだけ大きいかに注目してほしい。

1年目：　**100万円**　×　7%　＝　7万円の利息
1年目に借り手が返さなくちゃいけない金額の合計：**107万円**

2年目：　**107万円**　×　7%　＝　7万4900円の利息
　　　　　　（2年目の利息は1年目より**4900円**多い）
2年目に借り手が返さなくちゃいけない金額の合計：
　　　　　　　　　　　　　　　　　114万4900円

3年目：　**114万4900円**　×　7%　＝　8万143円の利息
　　　　　　（3年目の利息は1年目より**1万143円**多い）

3年目に借り手が返さなくちゃいけない金額の合計：

122万5043円

4年目：122万5043円 × 7% ＝ 8万5753円の利息

（4年目の利息は1年目より**1万5753円多い**）

4年目に借り手が返さなくちゃいけない金額の合計：

131万796円

5年目：131万796円 × 7% ＝ 9万1755円の利息

（5年目の利息は1年目より**2万1755円多い**）

5年目に借り手が返さなくちゃいけない元本と利息の合計：

140万2551円

複利の場合の5年後の利息合計金額：40万2551円

（単利の場合は35万円だった）

君が貸し手だったら、複利にすることでリターンは**5万2551円**、つまり**15%上がる**ことになる（40万2551円は、35万円とくらべて15%増しだ）。これが複利の力だ。返されていない利息に利息がかかるので、単利のときよりも受け取る利息が増える。眠っているあいだにおカネが増えるんだ。

APR（実質年利）

テレビでクレジットカードのCMとか、そのほかの金融用語が出てくる広告、たとえば自動車販売の広告なんかを見ていると、ローンのコスト、つまり資金調達の際の金利をAPR（Annual Percentage Rate：実質年間金利）って呼んでいる

ね。では、APRってなんだろう？ どんな意味なんだろう？

たとえば、君が銀行から100万円借りようとしていて、その金利が5%だとしよう。君にとって、その100万円を借りるためのコストは5万円（100万円の5%）かな？ そうとは限らない。ここで登場するのがAPRだ。

銀行からおカネを借りるときに署名する書類のなかには、ローンのために君が支払わなくちゃならない手数料や、そのほかの費用のことが書いてある。そこには、金利が年間5%なのか、短期で計算されたものが複利で積み上がっていくのかも書かれている。要するに、APRっていうのはおカネを借りるときのコストを全部ひっくるめたものなんだ。

アメリカではAPRを開示することが法律で義務づけられていて、おカネを借りるときの本当のコストを借り手に知らせて、請求書が届いたとき隠れた手数料に驚く、なんてことがないようにしなくちゃならないと決まっている。

APRを開示することで、借り手はいろいろな貸し手（自動車ディーラーだったり、クレジットカード会社だったり）のローンのコストを正確にくらべられるようになる。

わかったかな？

第11章 純資産
（君の持ち物の価値は？）

純資産は、君の財産を測る物差しみたいなものなんだ。
君が働いておカネを貯めていけば、財産が増えて、
君の純資産はだんだん大きくなる。

資産（Assets）

　資産とは、君が持っているもののことだ。たとえば不動産とか、宝石とか、美術品とか、自動車とか、ボートとか、家具とか、おカネとか、株とか、債券とか、そのほかのいろいろなものだ。

負債（Liabilities）

　負債とは、君がほかの人に返さなくちゃならないもののことだ。たとえば銀行のローンとか、だれかに借りたおカネとか、法的債務とか、日常的な支払いとか、未払いの税金とか、そういったものだ。

純資産（Net Worth）

　純資産とは、ある人が持っている全部の資産の価値の合計から、その人がほかの人に返さなくちゃいけない負債その他

の合計を引いたものだ。要するに、「資産－負債＝純資産」なんだ。

「ビル・ゲイツは億万長者（ビリオネア）だ」っていうのは、別にビル・ゲイツの純資産がぴったり1億ドルとか10億ドルとかあるっていう意味じゃなくて、ものすごいお金持ちだって意味だよね。でも「彼の純資産が1000万円だ」っていうのは、その人が持っているものすべての価値から、負債を全部引いた額が1000万円だっていうことだ。

純資産の計算の簡単な例を挙げてみよう。

＊資産

　　自宅の市場価値　：　2500万円

　　銀行預金　：　100万円

　　自宅にあるものの価値　：　20万円

　　自動車の価値　：　50万円

　　――――――――――――――――――――

　　すべての資産の合計　：　**2670万円**

＊負債

　　自宅の住宅ローン　：　1000万円

　　クレジットカードの未払い　：　200万円

　　未払いの養育費　：　50万円

　　――――――――――――――――――――

　　すべての負債の合計　：　**1250万円**

＊純資産

```
    資産   2670万円
ー  負債   1250万円
─────────────────
    純資産  1420万円
```

資産および収支報告書

　アメリカでは、君が銀行からおカネを借りたいときには、資産と収支の報告書を提出しなくちゃいけない。君の資産と**負債**と**純資産**の計算などを、1〜2ページにまとめたものだ。この書類が正しいことを誓うために、おカネの借り手が署名して提出する。つまり、君が書き込んだことにウソがないって誓うんだ。この書類に書いたことにウソがあれば、法律問題になるし、罪に問われる可能性もある。覚えておこう。この報告書にはぜったいに、本当のことしか記入しちゃダメだ。

　次のページに報告書のサンプルを載せておくね。これを見ると、すごく細かいってことがわかるよ。日本でもローンを組むときには、同じようにこういう書類が必要だ。

オマハの賢人

　投資の話題になると、世界でいちばん有名なのは（純資産が500億ドルで、世界一の金持ちのひとりでもある）ウォーレン・バフェットだ。バフェットは「**オマハの賢人（The "Oracle of Omaha"）**」とも呼ばれている。友だちに、「オマハの賢人」を知ってるかどうか聞いてごらん。たぶん知らな

PERSONAL FINANCIAL STATEMENT

The following is my/our statement of all assets and liabilities as of the _____ day of _____

Applicant Personal Information
- Name:
- Social Security #:
- Date of Birth:
- Residence Address:
- City, State & Zip:
- Position or Occupation:
- Business Address:
- City, State & Zip:
- Res. Phone:
- Bus. Phone:

Joint Owner of Assets
- Name:
- Social Security #:
- Date of Birth:
- Residence Address:
- City, State & Zip:
- Position or Occupation:
- Business Address:
- City, State & Zip:
- Res. Phone:
- Bus. Phone:

STATEMENT OF FINANCIAL CONDITION

ASSETS SOLELY OWNED (List here only those assets not jointly owned)	In Dollars (Omit Cents)	ALL LIABILITIES JOINT & INDIVIDUAL	In Dollars (Omit Cents)
Cash on hand and in banks - Schedule A		Notes payable to banks - Schedule H	
Marketable securities and bonds - Schedule B		Notes payable to others - Schedule H	
Other equities & non-marketable securities - Schedule C		Amounts due on credit cards	
Real Estate owned - Schedule D		Delinquent income tax	
Partial interest in real estate equities - Schedule E		Real estate mortgages payable - Schedule D	
Loans receivable - Schedule F		Delinquent real property taxes	
Automobiles and other personal property		Other debts – itemize:	
Cash value-life insurance Schedule G			
Vested Pension/Profit Sharing/IRA/KEOGH			
Other assets - itemize:			
		TOTAL OF ALL LIABILITIES	
		NET WORTH (Total All Assets Less Total All Liabilities)	
		TOTAL LIABILITIES AND NET WORTH	
		INCOME STATEMENT - FOR THE YEAR ENDED 20____	
		ATTACH MOST RECENT YEAR'S TAX RETURN	
TOTAL ASSETS SOLELY OWNED		ANNUAL INCOME	
ASSETS JOINTLY OWNED		Salary	
Cash on hand and in banks - Schedule A		Bonus and Commissions	
Marketable securities and bonds Schedule B		Interest	
Other Equities & Non-marketable securities Schedule C		Other Income–itemize: (Alimony, child support or separate maintenance income need not be revealed if you do not wish to have it considered as a basis for repaying this obligation)	
Real Estate owned Schedule D			
Partial interest in real estate equities Schedule E			
Loans receivable Schedule F			
Automobiles and other personal property			TOTAL INCOME
Cash value-life insurance Schedule G		ANNUAL EXPENSES	
Vested Pension/Profit Sharing/IRA/KEOGH		Home mortgage (principal and interest)	
Other assets - itemize:		Other loan payments	
		Income taxes	
		Property taxes	
		Alimony, child support, separate maintenance	
		Other expenses - itemize:	
TOTAL ASSETS JOINTLY OWNED			
TOTAL OF ALL ASSETS		TOTAL EXPENSES	

SCHEDULE A - BANK ACCOUNTS

Name and Location of Bank	Acct. Type	Cash Balance	In Name of

SCHEDULE B - MARKETABLE STOCKS AND BONDS

Number of Shares or Face Value of Bonds	Description	Market Value	In Name of (If Broker, Specify)	Pledged? (Y or N)

SCHEDULE C - OTHER BUSINESS EQUITIES AND NON-MARKETABLE SECURITIES

Number of Shares Or Percentage Interest	Description	In Name Of	Value	Source of Value	Pledged? (Y or N)

SCHEDULE D - REAL ESTATE SOLELY/JOINTLY OWNED

Address and Type of Property Title in name of	% of Ownership	Year Acquired	Cost	Total Market Value	Balance of Mortgage	Value of Partial Equity Owned

第11章　純資産（君の持ち物の価値は？）

いはずだ。

　ウォーレン・バフェットはネブラスカ州のオマハ出身で、大人になってからのほとんどの時間をこの場所で過ごし、投資への興味を追求しながら、質素に暮らしてきた。彼はバークシャー・ハサウェイ（ティッカーはBRK/A）のCEO兼会長で、この会社を通していろんな企業に投資しているんだ。たとえば、彼の会社はコカ・コーラの最大の株主だし、IBMの株もたくさん持っているし、鉄道やそのほかのたくさんの会社を持っている。

　信じられないかもしれないけれど、ぼくがこの本を書いている現時点でのバークシャー・ハサウェイのA株には、20万9000ドルの値段がついている。そう、1株20万9000ドルだよ。ありえないよね。

　ウォーレン・バフェットについて、あるいは彼がどうやって投資銘柄や企業を決めているのかについて、調べてみるといい。彼は買った株を長いあいだ持ち続けていて、ほかの人たちみたいにしょっちゅう売ったり買ったりしないんだ。彼について読んだり、テレビのインタビューを見たりすると、すごくいい勉強になる。歴史上最高の投資家のひとりだからね。

　彼は、どのくらいの確信を持って、株式市場に長期的におカネを投資しているんだろう？　最近のテレビインタビューで、バークシャーは、自分たちが保有するたくさんの企業の年金（何千人もの社員の年金だ）を運用していて、そのおカネを全部株式市場に投資していると言っていた。全部だよ。株と債券を組み合わせた「バランス型ポートフォリオ」を組んでいる年金もあるけれど、彼は債券にはまったく投資して

いない。なぜなら、「歴史的に、債券よりも株式のほうが長期的なリターンは高い」からだそうだ。

　オマハの賢人が口を開くと、だれもが聞き入る。君も聞いたほうがいいよ。

第12章 税金
(安ければ安いほどいいね)

「ボストン茶会事件」って、もう世界史で習った？
「代表なくして課税なし」というやつ。
ともあれ、ぼくらの時代には代表者がいて、
ずっと税金を払わされている。
税金ってすごくややこしいけど、結局はこういうことだ。
——ぼくたちはみんな、政府や自治体に
毎年税金を払わなくちゃいけない。

総収入（Gross Income）

総収入っていうのは、君がその年にいろいろな方法で稼いだおカネの合計だ。

純利益（Net Income）

純利益は、総収入から費用と税金をすべて差し引いた金額だ。残りのおカネが君のものになる。

税金

「この世でたしかなものは2つだけ。死と税金だ」なんて言葉がある。だれも税金なんて払いたくないけれど、政府が、

ぼくらの期待するサービスを提供するのに必要なおカネを集めるための主な手段が、税金なんだ。

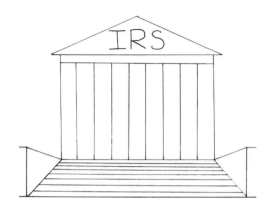

ありとあらゆる政府の機能は、少なくともその一部分が税金でまかなわれている。学校、道路、環境保護、刑事および民事司法制度、対外援助、健康保険、郵便制度、国立公園、NASA、農業支援、軍隊、テロリズムと闘う情報機関、そのほかにもたくさんある。それが維持できるのは、みんな税金のおかげだ。

税金は、政府のあらゆる段階で徴収される。ワシントンDCの連邦政府でも（日本の場合は日本政府でも）、50州それぞれでも（47都道府県でも）、市町村でも、水道局でも、学校でも、図書館システムでも、そのほかのいろいろなところでね。

ぼくたちは毎年、いろいろな種類の税金を納めなくちゃならない。一般的なのは、所得税、固定資産税、消費税、キャピタルゲイン税（譲渡益課税）、社会福祉税、利子や配当へ

の税だ。

すべての種類をここで紹介するのは不可能だ。一生ずっと、税法とそのしくみだけを研究している人もいるくらいだからね。

税法とそれにともなう規制をすべて並べようと思ったら、机の上に本が何メートルの高さにも山積みになってしまう。その1ページ1ページに、読むのも理解するのも難しいような、複雑なことがぎっしりと書いてある。それに、国によって税法や税金の制度はまったくちがったりもする。

ここでは、ほとんどの人が毎年支払わなくちゃならない主な税金だけを、簡単な言葉で紹介するね。

所得税

アメリカ国民は（日本の国民も）毎年、収入のなかから一定の割合を**所得税（income tax）**として国に納めなければ

ならない。どのくらい納めるかは、収入の金額や収入の種類によってちがう。

アメリカでは、お給料などの収入（経常所得とか個人所得ともいう）には、最大で39.6%の税金がかかる。でも、メディケア（アメリカの高齢者医療保険）やそのほかのものを合わせると、個人の収入にかかる税金はもっと高くなる場合もある。ずっと昔には、最大で91%だったこともある。1年間必死に働いても、稼いだおカネのたった9%しか残らなかったんだ。でも、それはずっとずっと昔の話だ。

お給料

州によって独自の所得税を課すところもある。そういう州に住んでいる場合は、連邦政府に所得税を支払った**うえに**、州にも支払わなくちゃならない。州の所得税は総収入に対して5〜8%のあいだだ。

フロリダは州の所得税がないので、たとえばニューヨーク州のような税率の高い州から、たくさんの人がフロリダに移り住んでいる。ニューヨーク州で1年間の収入が100万ドルある場合には、連邦政府に40万ドルの所得税を払ったうえに、ニューヨーク州に8.82%、つまり8万8200ドルを支払

わなくちゃならない。連邦政府とニューヨーク州の所得税を合わせると、48万8200ドルになる（税金を節約する方法はあるけれど、ここではそのことには触れないでおこう）。

でもその人がニューヨークからフロリダに引っ越して、100万ドル稼いだら、8万8200ドルの**節約になる**。州の所得税を払わなくていいからだ。だから、税金はどこに住むかにすごく影響を与えるんだ。

固定資産税

もし君がアメリカに家やそのほかの不動産を持っていたら、連邦政府じゃなくてその不動産がある地方自治体に税金を払わなくちゃならない。

"固定資産税を払わなくてはならない"

地方自治体は、たとえば消防署とか警察署とか、地元の道路の補修とか、ごみ回収とか、公園とか、図書館とか、街灯とか、学校とか、いろいろな地域のサービスを維持するためにおカネが必要なんだ。

固定資産税（property tax）は、君が持っている不動産の価値に対して、**一定の割合**をかけた金額になる。たとえば、フロリダに100万ドルの物件を持っていれば、毎年州に1万1000ドルを支払わなくちゃならない。

消費税

　お店に行ってなにかを買ったり、レストランで食事をしたりするたびに、ぼくたちはその州に**消費税（sales tax）**を支払っている。消費税は使った額に対して一定の割合をかけた額だ。

　フロリダの消費税は6%だ。州によってその割合は少しずつちがうけれど、だいたい3%から7%くらいだよ。小売店は、モノを売ったときに消費税を徴収して（クレジットカードで支払うと、消費税分もクレジットカードにのっている）、州の税務署にその分の税金を納めている。

消費税はふつう、「逆進税」だといわれる。つまり、高所得者よりも低所得所のほうが、割合としてたくさん消費税を支払うことになってしまうということだ。だから、消費税は不公平だという人は多いし、州の収入を増やす方法としてよくないと考える人も多い。国が消費税を徴収すべきだと長いあいだ言い続けている人もいるけど、アメリカでそうならないのは、不公平だと考える人がいるからなんだ。

　ヨーロッパは国が消費税を徴収していて、付加価値税（VAT：Value-Added Tax）と呼ばれている。日本ではいまのところ、国が徴収する消費税が6.3％、地方が徴収する地方消費税が1.7％で、合計8％だけど、国はいまこれを合計10％に上げようかと考えているね。

キャピタルゲイン税

投資の利益に対する税金が、キャピタルゲイン税（譲渡益課税）だ。君が株を買って、それを売ったときに利益が出たら、その利益を**キャピタルゲイン（capital gain）**という。キャピタルゲインを得たら、君はキャピタルゲイン税を支払わなくちゃならない。もし君が商業ビルを買って、それを売ったときに利益が出たら、それもキャピタルゲインだから、キャピタルゲイン税を払わなくちゃならない。ほかにも、キャピタルゲインにあたるものはたくさんあって、それには税金がかかるんだ。

　アメリカでは、キャピタルゲイン税は2種類に分かれている。**長期**と**短期**だ。長期と短期の分かれ目は、君がその株を1年以上保有していたかどうかだ。

　保有期間が1年を超えていて、売却益が出た場合、長期のキャピタルゲイン税、つまり利益の20％を税金として支払わなくちゃならない。でも、保有期間が1年未満の場合は、売却益に39.6％の短期キャピタルゲイン税がかかる。

　たとえば、君がアップル株を1株525ドルで100株買って、2年後にそれを1株625ドルで売ったとしよう。税金はいくらになるかな？

　株を持っていた期間が1年を超えるので、20％の長期キャピタルゲイン税がかかる。君の利益は1株100ドルなので、全部で1万ドルだ。だから、君のキャピタルゲイン税は2000ドルになる。

　1年もたたずに株を売ってしまった場合には、短期キャピタルゲイン税として39.6％がかかる。この場合は3960ドルだ。

　多くの人は、少なくとも1年は株を持っている。そうすれば、キャピタルゲイン税が低くなるからね。

社会保障税

　1935年、ルーズベルト大統領はニューディール政策の一環として、アメリカで初めて社会福祉法に署名した。この法律は退職を迎えたお年寄りに月々おカネを与えて、生活に最低限必要な収入を保証するためのものだった。

　社会保障制度はすごく複雑な制度で、ここですべてを説明することはできない。でも少なくともアメリカでは、仕事をして給料を受け取っている人はみんな、政府に社会保障税（social security tax）を支払っていることだけは知っておいたほうがいい。この税金は、所得税のほかに、国民全員が支払わなくちゃならない税金なんだ。

　アメリカでは、62歳になると政府から社会保障の支払いを受ける資格ができて、そのおカネは君の自由に使っていい（日本ではだいたい65歳からだ）。若いときから政府に支払いをしていれば、年をとったとき政府からおカネをもらう権利がある。

金利への税金

銀行口座に貯金があれば、毎年利息を受け取れるはずだね。債券を持っていれば、その金利も受け取れる。だれかにおカネを貸せば、貸したおカネの利息をおそらく受け取れる。それが、**金利収入**だ。

そうした金利は通常所得として、政府に税金を払わなきゃならない。その割合はアメリカでは最大で39.6%だ。

配当への税金

配当はちょっとややこしい。通常の所得税がかかることもあるし、場合によってはキャピタルゲイン税がかかることもある。必要なら、税理士さんに相談したほうがいい。

監査

監査（audit）は、言葉どおりの意味だ。外部の会計士がやってきて企業の財務記録をチェックして、それが**GAAP**（Generally Accepted Accounting Principles：各国ごとにすこしちがいはあるけれど、一般的に認められている会計原則のことだ）にしたがって管理されていることを調べて、不正やなにかおかしなことが会社に起きてないかたしかめることを、監査という。

　ほとんどの会社には財務や会計部門があって、そこで、売上や、支払いや、給料や、現金なんかを管理している。でもそこで働いている人に能力がなかったり、最悪の場合はおカネを盗もうとしていたりすると、問題が起きる。

　財務や記録が正確に管理されるように、会社は外部の監査法人を雇い、年に一度来てもらって全部を見直すんだ。監査が終わったら、独立した監査人が、すべて大丈夫かどうか、なにか問題がなかったかどうかを書いた監査意見を出す。**監査を受けていないと、その会社の財務情報が本当に正確かどうかはわからない。**

　IRS（Internal Revenue Service：アメリカ合衆国内国歳入庁）もまた、アメリカの個人や企業の監査を行っている。IRSは毎年特定の納税者を選んで、申告書類が正しいか、税金がきちんと支払われているかを監査する。申告書類にまちがいがあったり、虚偽の申告があると、罰則が科せられたり、悪質な場合には懲役になることもある。ぜったいに税金をごまかしちゃいけない。正直にしていたら、夜ぐっすり眠れるよ。

第13章 経済
(ビジネス中のビジネス)

いい株を選べば、万事うまくいくってわけでもない。
経済全体でなにが起きているかを理解することも、
投資には大切なんだ。
ビジネスでは、すべてのことがお互いに関係しているからね。
ほかの企業がうまくいっていなければ、
君の選んだ株もうまくいかない場合が多い。
経済がどうなっているかを感じとるためのヒントを、
ここに挙げてみよう。

連邦準備制度（FEDとFRB）

アメリカの金融制度の基本的な部分を理解するには、少なくとも**連邦準備制度（The Federal Reserve）**というものがあることを知っておいたほうがいい。**FED（フェド）**って呼ばれてる、あれのことだ。連邦準備制度は、アメリカの政府機関のひとつなんだ。議会への報告義務はあるけれど、政府からは人的にも法的にも独立した組織だよ。

連邦準備銀行はアメリカの中央銀行だ。中央銀行っていうのはアメリカの銀行のなかのトップ、いちばんえらい人、王様みたいなものだ（日本では、日本銀行がこれにあたるね）。FEDをまとめているFRB（連邦準備制度理事会）のいまの議長は**ジャネット・イエレン**っていう人だ。女性で初めての

議長なんだよ。

　FRBが創られたのは1913年で、金融危機が続いたあとに金融制度を安定させる目的で、議会が設置した。1929年に大恐慌が起きて、崩壊していく経済を立て直そうとアメリカが苦しんでいるあいだに、FRBに大きな力が与えられていった。

　FRBについて書かれた本は、数えきれないほどある。大学では経済におけるFRBとその役割について教える授業があるし、その歴史や影響を勉強するには何年もかかる。それはもう少し大人になってからでいいだろう。いまのところは、すごく基本的なことだけを知っておけばいい。

　議会がFRBをつくったのは、こんな目的からだ。

❶　雇用を最大化する
❷　物価を安定させる
❸　長期金利をほどよく維持する

❹ 金融政策を決定し実行する
❺ 銀行を規制する
❻ 銀行に流動性を提供する
❼ **ベージュブック（地区連銀経済報告）のような経済調査を発表する**

　考えてみてほしい。国全体からみれば（マクロ経済という視点からすると）、こうした目的はみんないいことだよね。どんな国でもどんな経済にとっても、成功し繁栄するためにこうした目標を目指すのはあたりまえだ。

　だれにとっても金利はほどほどがいい。みんなが仕事についているほうがいい。おカネがなくなったり経済がダメになったりしないように、銀行を監督してほしい。あたりまえのことだ。

　だけど、FRBの足を引っ張る人たちもいる。政治家のなかには、FRBなんて必要ないし、廃止すべきだと思っている人もいる。そういう反対があっても、FRBは続いてきた。

　FRBは経済と金融システムを見張ってくれる番犬だ。FRBにはすごく賢い経済学者や金融の専門家がたくさんいて、金利や経済や銀行になにが起きているのかをいつも見張ってくれている。

いろいろなことがうまくいっているときには——たとえば、失業率が低くて、企業の業績がよくて利益も上がっていて、銀行が安定していて企業や個人におカネを貸しているときには、FRBが介入する必要はない。でも、失業率が高くて、金利がすごく上がっていて、銀行がおカネを貸していなくて経済がまわらなくなったりすると、FRBはそれを直すための策を出してくる。

　FRBの話はこんなところにしておこう。この話はもっともっと勉強が必要だけど、ここでは基本的なことだけを知っておけばいい。

GDP（国内総生産）

　GDP（Gross Domestic Product：国内総生産）は、その年に国中で生産されるすべての最終製品とサービスの価値の合計だ。考えてみるといい。1年間にアメリカでつくられたすべての最終製品の価値を足し合わせて、それにサービス産業で働いている人たち（ウェイターやウェイトレスさん、ホテルスタッフ、先生、警官、消防士、お医者さん、弁護士さん）が生み出した価値の合計を加えるんだ。国中のそれらをぜ～んぶ合わせたものが国内総生産、つまりGDPなんだ。

　アメリカのGDPはどのくらい大きいと思う？　2015年にアメリカ経済が生み出した最終製品とサービスの価値の合計は約18兆ドルだ。そうなんだ。兆だよ。億じゃないんだ。数字を並べてみるとこんな感じ。

$18,000,000,000,000

　学校の休み時間に、このトリビアを使ってみるといい。お友だちに、アメリカのGDPを聞いたら、なんて答えるかな？　こんなに大きな数字はだれも考えつかないはずだ。じゃあ日本のGDPはどのくらいかわかるかな？　約500兆円だ。

　では、どうしてGDPが大切で、それについて多少は知っていなくちゃいけないんだろう？　それにはいくつか理由がある。まず、GDPは金融ニュースでいつも話題になるし、今度この言葉を読んだり聞いたりしたら、みんながなにを話しているかをわかっていたほうがいい。次に、投資家は自分の国のGDPが伸びているか、毎年大きくなっているか、それとも小さくなっているか、前年にくらべて生産が多いのか少ないのかを気にするんだ。

GDPが増えてるってことは、経済が成長して、雇用が増えて、みんながもっと儲かったってこと

　経済が成長してるってことは、ふつうは株式市場にとってもいいことだ。企業がモノをたくさんつくって売れば、おカネが入ってきて、おそらく利益も上がるはずだよね。利益が上がれば、株価も上がる。「**PER（株価収益率）**」のことを覚えてる？

とはいっても、GDPからは過去のことしかわからない。エコノミストが四半期や1年のGDPを計算するときには、それはもう終わったことで、ぼくたちの見る数字は過去がどうだったかを表すものだ。いま現在のことじゃない。

過去のデータを見ることの問題は、まさにこれなんだ。いずれにしろ、GDPの数字がなにを表しているのかを知っていると役に立つ。**経済が縮小ぎみなのか、景気が厳しいのか、それとも成長しているのか**を理解する助けになるからね。全体像、つまり**マクロ経済**を理解することは、将来の景気を予想する助けになるし、経済全体だけじゃなくて君が買おうと思っている株がどうなるかのヒントにもなる。

株を買ったり、それ以外でも投資をするってことは、経済の先行きに賭けてるってことなんだ。アップルの株を買う理由は、去年アップルが儲かったからじゃないはずだ。今年も来年もそのあとも、たくさん儲かると思うから買うんだよね。その分析のなかには、景気がよくなって消費者がアップル製品をもっと買うようになるかどうかも入るだろうし、だとすれば、GDPにも注意しないといけないってことになる。

君が株を買うのは、将来その株の株価がよくなると予測するからだ。過去によかったからじゃない

それに、GDPの予測が1%成長か4%成長かで、株価に大きな影響がある。ウォール街の大物たちがGDPがどんどん伸びると思えば、株価は上がる可能性が高い。でも逆に、GDPがそれほど伸びないと思えば、株を買う意欲も弱まるし、そうすると君が持っている株やこれから買おうとしている株の価値にも影響する。だから、GDPの予想に注意しなくちゃならないんだ。

予算

　予算（budget）とは、これから入ってくるおカネや収入の**予想**と、同じ時期に使うことになる費用の**計画**だ。

　アメリカ大統領は毎年、この国の収入がどこから入ってくるかと、そのおカネをどんなふうに使うかを、細かく説明した「予算」を、議会に提出しなくちゃならない。これは、ふつうの家庭がやっている家計の予算と、考え方はなにも変わらない。

　それぞれの家庭は毎年どのくらいの収入があるかをだいたい把握して、**収入の範囲内で生活していかないといけない**。この、収入を予想して支出を計画する過程を、「**予算づくり**」と呼ぶ。予算とは、ある期間に君が受け取るだろうおカネと君が使うだろうおカネを並べて、どう配分するかを決めることなんだ。

```
┌─────────────────────────────────┐
│           予算                  │
│                                 │
│   収入            支出          │
│  ・お給料        ・住宅ローン   │
│  ・金利          ・車のローン   │
│  ・配当          ・保険料       │
└─────────────────────────────────┘
```

政府の財政

財政には3種類ある。

❶ 財政赤字：稼ぐよりも使う金額が多いと、赤字になる
❷ 財政黒字：使うよりも稼ぐ金額が多いと、黒字になる
❸ 財政均衡：稼ぐ予定のおカネと使う予定のおカネがぴったり同じ額の場合、財政均衡と呼ぶ

近ごろは、政府の財政赤字に注目が集まっている。それはアメリカが、集めた税金よりもたくさんのおカネを使ってきたからだ。もう長いこと財政黒字になっていない。

国の借金

アメリカ政府は長年、入ってくるおカネよりもたくさんのおカネを使ってきた。そして、足りないおカネをまかなうのにアメリカの国債を発行して、みんなから借りてきた（「国債」の話のとき、中国からたくさんおカネを借りているって

話したこと、覚えてる？)。

　ぼくたちはずっと借りて、借りて、借りまくってきたので、その借金の山がものすごく大きくなってしまった。いま、まだ返していない借金がどれくらいあると思う？　心の準備はできた？　めちゃくちゃ驚くと思うよ。19兆2700億ドルだ。そうだ。億じゃないよ。兆だよ。全部で19.2兆ドルも**借金**があるんだ。まったく想像もつかないほどすごい額だし、さっき話した1年分のGDPと同じくらいの金額だ。GDPは18兆だったの、覚えてる？

　アメリカの国家債務がどのくらいの金額かを知りたければ、www.usdebtclock.org を見てみるといい。きっと驚くよ。ありえない額で、見ているとその場でどんどん増えていくんだ。チェックしてみてね。

赤字と国家債務：
だからなに？　投資とどう関係があるの？

　財政赤字と国家債務は、株式市場に興味がある人に実際にどう関係するんだろう？　どの銘柄を買うかに関係ある

んだろうか？

　それが、関係あるんだ。

　たとえば、政府関係のビジネスが多い会社に投資しようと考えている場合、国家債務の利子の支払いがものすごい額になっている状況では、軍関係の設備（戦闘機、軍艦、新兵器、未来の新技術など）への支出は減らされるかもしれない。そうしたら、軍とたくさんの取引がある、ロッキード・マーティンや、ゼネラル・ダイナミクスや、レイセオンといった株は買わないほうがいいかもしれない。

　景気がよくて、企業の先行きが明るくて、借金が少ないほうが、どんな会社でもうまくいく可能性が高い。そうなれば、株式市場もおそらくいい反応を示すだろう。

　政府が中国やそのほかの債権国に金利を支払うよりも、国内企業を後押しするのにおカネを使っているほうが、強気市場（株の買い手にはこっちのほうがいい）になる可能性は高い。

　国家債務と金利の支払いには、いつも目を光らせていたほ

うがいい。経済全体にも大切だし、ぼくたちが支払う税金にも、景気の行方にも、直接影響があるものだからね。

第13章　経済（ビジネス中のビジネス）

第14章 ベンチャー・キャピタルとプライベート・エクイティ

（大きく賭けて、大きく儲ける）

ベンチャー・キャピタルとプライベート・エクイティの投資家は、非上場企業に直接投資する。
非上場企業は株式が公開されていないので、投資先の企業を成功させないと、
マネタイズ（要するに「儲ける」ってこと）できないんだ。

ベンチャー・キャピタル（VC）

　ベンチャー・キャピタル（VC：Venture Capital）は、お金持ちからおカネを集めて、いろいろな新しい会社に投資して、大きなリターンを得ようとする。彼らはふつうの株や債券に投資するよりも、はるかに大きな見返りを期待しているんだ。

　投資とは、つまるところ**リスクとリターン**だ。株を買うということは、値下がりのリスクやおカネを失うかもしれないリスクを背負うってことだ。3%のリターンを保証してほしければ、アメリカの**国債**を買えば、リスクはない。だけど、

大きなリターンが欲しいとき、たとえば、投資に対して10倍のリターン、20倍のリターン、さらにそれ以上のリターンが欲しい場合は、ベンチャー・キャピタリストになるか、ベンチャー・キャピタル・ファンドに投資することを考えたほうがいい。

でも、いつも覚えておかなくちゃならないのは、大きなリターンの可能性を追いかけるなら、進んで大きなリスクを取らなくちゃならないということだ。ベンチャー・キャピタル投資では、おカネを全部なくしてしまうこともしょっちゅうある。だから、気をつけたほうがいい。

世界にはたくさんのベンチャー・キャピタル会社があって、次なるグーグルやアップルやフェイスブックを探して、大儲けしようとしている。

なかでも**クライナー・パーキンス（Kleiner Perkins）**と**セコイア（Sequoia）**はいちばん大きな、昔からあるベンチャー・キャピタル会社だ。50年近くベンチャー投資をやっていて、これまでに何百もの若い会社に投資して、成功させ

てきた。そのあいだに、創立者たちは大金持ちになった。この2社については、ホームページでいろいろ知ることができるよ。

　投資家から集めたおカネを市場で取引されている株や債券に投資するミューチュアル・ファンドとちがって、ベンチャー・キャピタル・ファンドは投資家から預かったおカネを非上場企業に投資して、積極的に経営を助けている。彼らは上場企業に投資することもある。非上場企業への投資のほうがもとをとるのが大変なんだ。なぜって、非上場企業の株は簡単に売ることができないからね。

　ふつうの小口投資家が上場企業の株式に投資することを**パッシブ投資**といって、そうした投資家は、経営に積極的には関わらない。君が株を買うとき、その会社の経営は経営者に任せているよね。でも、ベンチャー・キャピタルはその会社の取締役になって、かなりの時間を使って投資先の会社を監視したり助言を与えたりする。そうやって手や口を出すことを、**アクティブ投資**というんだ。

　ベンチャー・キャピタルが投資するほとんどの企業は、**新しくできたばかり**だから社員も少なくて、成長するためにおカネが必要なんだ。はじめに友だちや家族から**元手になるおカネ**をもらっていても、その次の段階にいくためのおカネも知識もない。だから、経験とおカネのある投資家に助けてもらって、前進したがっている。

　そこで、ベンチャー・キャピタル会社が役に立つんだ。ベンチャー・キャピタルはおカネだけでなく、経営スキルも提供してくれる。

　ベンチャー・ファンドがどこかの会社に投資する場合には、チームを送り込んで経営陣と面会して、必要なことを全部知ろうとする。投資前のこうした調査の過程を、**デューデリジェンス（due diligence）**というんだ。

　ベンチャー・キャピタルのチームは、デューデリジェンスを終えたら、その会社に投資すべきかすべきじゃないかを自社の取締役会に報告する。投資すると決めたら、どのくらいのおカネをどんな条件で投資するかを相手の企業に**提案する**。その条件が書かれたものを**タームシート**といって、ふつうは数ページくらいだ。

　投資先が条件を受け入れたら、**契約書**を取り交わして、ベンチャー・キャピタル会社は投資を行う。

　もし相手の会社がその条件を断ったら、そこで話は終わりになる。ベンチャー・キャピタル会社は次の案件に移るし、若い会社は、成長に必要なおカネとスキルを別のところで探さないといけない。

　若い会社にとっては、ベンチャー・キャピタルの条件がすごく高飛車に思えることもあるだろう。ベンチャー・キャピタルは若い会社の価値を低めに見積もるものだ。そして、創業者が予想したよりもたくさんの株式の持ち分を要求するんだ。会社の経営に口を挟みたがるし、取締役のイスも欲しがる。

若くておカネのない会社は、提示された条件が気に入らなくても、おカネが必要ならベンチャー・キャピタルの条件に応じるしかない。

　アマゾン、フェイスブック、グルーポン、ツイッター、グーグル、ネットスケープ、ウェブMD、AOL、アップル、ユーチューブ、ペイパル、ヤフー、ワッツアップ、リンクトイン、ジェネンテックも、ベンチャー・キャピタルのおかげで始まったんだよ。

　こういう会社はみんな勝ち組だけど、もちろん負け組だってたくさんある。ベンチャー・キャピタルがいつも正しいわけじゃない。それどころか、大失敗することもある。ダメな企業に投資しておカネをなくしてしまうこともある。だけど、失敗より成功のほうが多ければいいという考え方なんだ。

　ベンチャー・キャピタルが投資する場合には、これから必死に働けばその若い会社が成功して、すごく大きなリターンを稼げることを、ある程度**きちんと予測して賭けている**。

　アメリカでのベンチャー・キャピタルの歴史は、新しいビジネスの歴史ともいえる。コンピュータ、ソーシャルメディア、インターネット産業の誕生はみんな、だれも見向きもしないときにこうした会社に投資したベンチャー・キャピタリストがいたおかげなんだ。だから、すごくワクワクするような仕事だよ。

　ベンチャー・キャピタル業界については、たくさんの本が書かれているので、もし興味があるならいくつか読んでみるといい。

プライベート・エクイティ（PE）

　プライベート・エクイティ（PE : Private Equity）は、お金持ちの投資家からおカネを預かって、既存の会社に運転資金をつぎ込む代わりに株式をもらう、という点ではベンチャー・キャピタルに似てる。だけど、プライベート・エクイティの投資家は、すでに事業を運営していて利益も出ている「大人の会社」に投資することが多い。ベンチャー・キャピタルが投資する会社のほとんどは、できたばかりで製品も利益も知名度もなにもない、すごく若い会社なんだ。
　プライベート・エクイティはベンチャー・キャピタルほどリスクを取らないし、投資の条件やビジネスモデルもかなりちがう。

第15章 おカネに賢く
(クラスでいちばんになろう！)

おめでとう！
ここまできたら、もう大丈夫。
君はこの本を読む前よりも賢くなっていて、
おカネや投資や株式市場について、
同じ年の子どもたちよりもずっとくわしくなったはずだ。
こうしたことを学び続けてほしい。
これからの人生で、ずっとこのスキルは必要になるからね。

引退に備える

「**引退**」っていうのは、働くのをやめることで、それができるのは生活を支えるだけのおカネを貯めたときか、引退後になんらかのおカネが引き続き入ってくるようなときだ。どちらにしろ、引退してもいろいろな支払いはしなくちゃならない。大人になる前は引退なんてはるか遠いことで、考えることさえできないけれど、若いうちからそれについて知っておくのは大切なんだ。

ほとんどの人は、10代の後半に高校を卒業する。22歳ごろに大学を卒業して、その後2年から5年くらいは大学院で勉強する人もいる。たとえば、法科大学院（ロースクール）に行くと、卒業までに3年かかる。医科大学院（メディカルスクール）だと5年だ。経営大学院（ビジネススクール）は

2年。ほかにもいろいろな大学院がある。

　学校を出たら、たいていは働きはじめて、もし順調にいけば、そのうち仕事をやめて引退する日のためにおカネを貯める。いつ引退するかはその人しだいだけど、だいたい60歳から75歳くらいだ。

　引退しない人もいる。ずっと働き続けるんだ。貯金がないから生活のために働くという人もいるけれど、仕事が好きで働きたいから働いている人もいる。

　でも、**もし引退したければ引退できるだけの余裕を持つ**ことは大切だし、そのためには自分のお財布を管理して、計画を立てなくちゃならない。

老人ホーム

　いま現在、アメリカには**社会保障（ソーシャル・セキュリティ）**っていう制度がある（日本には、同様のものとして年金制度があるね）。これは、1935年にルーズベルト大統領が大恐慌への対策として始めたニューディール政策の一部だった。62歳以上の人には毎月政府から小切手が支給される。それほど金額は多くないけどね。月に2200ドルくらいだ。

会社勤めの人は、お給料の一部が天引きされて、それが引退した人たちの社会保障費に使われる。

だけど、いまの若い人は、引退したとき社会保障のおカネをアテにできないかもしれない。アメリカの社会保障制度は、長いあいだ、入ってくるよりもたくさんのおカネを支払い続けてきた。だから、なんとかそこを立て直さないと、制度が壊れて年金を支払えなくなってしまう。

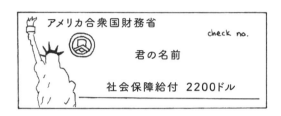

君たちが引退するころには、いまの社会保障制度はなくなっていると考えておいたほうがいいかもしれないね。もし引退したくなったときには引退できるよう、じゅうぶんなだけおカネを貯めて、政府の助けなしでやっていけるようにしておく必要がある。

仕事をやめる日がきたときのためにきちんと備える方法はいろいろある。働いているあいだに支払い続けられるような、いろいろな種類の**年金プラン**があるよ。引退したときに支払いが受けられる**保険**や**終身年金**を買うこともできる。もちろん、コツコツ貯金したり、賢く投資して生活資金を確保してもいい。

社会保障は
アテにしないように。
君が引退するころ
には、なくなって
いるかもしれない

　でも、とにかく君が覚えておくべきなのは、引退に備えなくちゃならないってことと、そのための秘策なんてないってことだ。生きていくにはおカネが必要だ。それはどうしても避けられない。じゅうぶんなおカネを貯められるかどうか、賢く投資して引退したあとに生活を支える収入を確保できるかどうかは、君しだいだ。

　仕事を始めるときには、いま言ったことを全部覚えていてほしい。稼いだおカネの一部をきちんと貯めて、自分の身の丈に合わないぜいたくな生活をしないようにね。**このルールだけは絶対に忘れないで！　収入の範囲内で生活しよう！**引退するころに、君は人生を振り返って、若いころにこのことを考えていてよかったって感謝するはずだ。

　貯金を始めるのも、先のことを考えるのも、**早すぎるってことはない。**

君たちの使命

　君たちの世代には、すごく大きな仕事が待っている。君たちはすごくたくさんの国家の借金を引き継ぐことになるし、それにどう立ち向かうかは君たちしだいだ。どうやってあれ

だけ多額の利子を支払うのか？　借金を全部返すことができるのか？　全部を返そうとすること自体がまちがっているのか？

こうした疑問は、君たちが成長するにつれて悩まなくちゃならないことで、だからこそ、この本が大切なんだ。この本の内容は、いまの深刻な問題を考えるヒントになるし、君や君と同世代のすごく優秀な人たちが、将来責任を持ったときの助けにもなるはずだ。そんな日はあっという間にやってくる。その機会を受け入れてほしい。チャンスをつかんだら離さないでほしい。**君が輝くのは、そのとき**だ。

君はもうおカネの賢人だ!

おめでとう！　やったね！　おカネと投資と株式市場のトピックをすべて超特急で学んだね。

もしこの本を最初から最後まで全部読んでくれたなら、大切なことを学ぶ準備もおカネの賢人になる準備も、バッチリ整ったことになる。

この本から学んだことを考えてみてほしい。金融のトピックに疑問があれば、この本を参考にして、これからさらにくわしく調べてみよう。

君はもう、同じ年の子どもたちよりも**ずいぶんと先を行っている**。このまま行けば、成功まちがいなしだ。

これからも、この調子でがんばってね！

君も賢くおカネを儲けることができる！

第16章 これでおしまい
―― じゃなくて、これが始まり

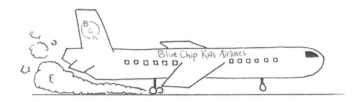

「アテンション・プリーズ。乗客の皆様。これから着陸態勢に入ります。シートベルトが締まっていることを確認し、お座席やトレイをもとの位置にお戻しください。本日もブルーチップキッズ・エアラインをご利用いただきありがとうございました。またお会いできる日を楽しみにしております」

　すごく楽しい旅だったね。この旅で、おもしろい場所や大切な場所に行ったよね。この本の目的は、専門知識を教えることじゃなくて、おカネや投資や株式市場の世界を紹介して、興味を持ってもらい、君自身にもっと学んでもらうことだ。
　この本を何度か読み直して、そこに書いてあることについて考えてもらえたら、おカネを稼ぐこと、運用すること、将来に備えることについて、すごく前向きに受け止められると

思う。それができるのは、君しかいない。君がやらなくちゃいけないし、君にはそれだけの知性と情熱がある。

　幸運を祈る！　これからいつもアンテナを掲げておくんだよ。「ブルーチップキッズ・エアライン」は、次のすてきな旅に向かって準備中だ。

お断り

　弁護士さんを安心させるために、はっきりとここに書いておくよ。君のおカネも、ご両親のおカネも、しっかりとした知識のある人にまず相談してからじゃないと投資しちゃいけない。この本に書いてあることは、おカネと投資と株式市場についての基本的な考え方を君に紹介するためのもので、すぐに投資の根拠として使うためのものじゃない。君がじゅうぶんな知識を身につけるまでは、それはやっちゃいけない。

著者について

　この本は、13歳の息子トレントに、おカネと投資と株式市場について教えようと、2～3ページ書こうとしたのが始まりだ。
　息子はすごくいい学校に通っているけれど、中学校ではこういうことは教えてくれないし、高校のカリキュラムにもこうした科目はない。ぼくにとって、この話題は無視できないほど大切だったので、自分で教えてみようと思ったんだ。それが、100のトピックと165の楽しい挿絵になって、この本ができた。もともとは息子のためだったけれど、興味のある人みんなにこれを公開することにした。
　ぼくらは目を覚まして、子どもたちにおカネのことをもっと真剣に教えなくちゃいけない。おカネを稼いで、運用して、投資するスキルは、地学や天文学や芸術やカエルの解剖や数学や音楽やサッカーやアメフトと同じくらい、大切なもののはずだ。
　アメリカの高校生は、おカネの話題になるとほかの国の子どもたちよりも遅れていることがたくさんの研究で証明されているし、学校を出るまでにそうしたスキルを身につけていれば、その後の人生でよりよい選択ができることもわかっている。
　すごく多くの若い人たちが、学費ローンに足を引っ張られて夢を叶えられなくなっている。教育債務の支払いは増えて、老人が受け取る年金はこのところずっと少なくなっている。おカネをどう運用して投資するかについても、借金をしすぎることの負担についても、いますぐみんなに教える必要がある。子を持つ親として、ぼくたちは行動を起こさなくちゃ

ならないし、この本はぼくができる行動の始まりだ。いまは、『ブルーチップキッズ』シリーズの続編を制作している。

　ぼく自身は実は弁護士で、フロリダ州のマイアミにあるステュワート・ティルマン・フォックス・ビアンキ・アンド・ケインという弁護士事務所で、36年も働いている。タフツ大学で経済学を専攻し、成績優秀者として卒業したあと、ボストンカレッジ法科大学院で法律の学位を取った。ぼくの履歴書は、弁護士事務所のホームページ（http://www.stfblaw.com/attoneys/david-bianch/）で見られるよ。

訳者あとがき

「おおっぴらにお金の話はしちゃいけません」と教わってきた人は多いのではないでしょうか？ 直接そう教わったわけでなくても、あからさまにお金の話を持ち出すのは気が引けるという人は少なくないでしょう。

たいていの親は子どもに仕事やお金の大切さは伝えても、お金をどう貯めるか、どう増やすか（投資・運用するか）、お金が社会の中でどんなふうに回っているかなんてことは教えてくれません。親自身にも、その知識がない場合がほとんどです。

また、たとえ大学で経済を学んでいても、市場の知識が充分とは言えません。どんな金融商品があるのか、株価はどんなふうに決まるか、企業をどう分析するかといった基本的な知識でさえ、学校では身につけることができないのです。

しかし、あたりまえのことですが、人間は生まれてから死ぬ瞬間まで、おカネと無縁ではいられません。これから生まれてくる子どもたちは平均で100歳まで生きるといわれ、社会保障制度はあと数十年で破綻するともいわれます。おカネと向き合い、それを管理する能力は、英語やプログラミングのスキルと同じくらいかそれ以上に、これからの子どもたちにとって大切なものになるはずです。

投資や運用は一部のお金持ちの特権ではありません。経済や市場の仕組みを知り、金融のスキルを身につけることは、誰にでもできます。お金持ちでない人たちこそ、そうしたスキルが必要で、生き残りに欠かせないのです。

この本は、アメリカ人のベテラン弁護士が、13歳の息子におカネと投資と市場についてわかりやすく説明するために書かれた本です。
　著者のデヴィッド・ビアンキがこの本でくりかえし強調しているのは、収入の範囲内で生活すること、そして老後になって困らないようにおカネに働いてもらうことです。
　「おカネに働いてもらう」には、まずおカネに興味を持ち、どんな運用の選択肢があるのかを知る必要があります。
　運用と聞いてみなさんがいちばん最初に思い浮かべるのは株式投資でしょう。株はどこでどうやって売り買いすればいいのでしょう？　そもそもどの株を買ったらいいのでしょう？　プロはなにを見ているのでしょう？　株式以外にどんな運用方法があるのでしょう？　本書ではそうした基礎的な知識が、子どもにもわかるように説明されています。

　また、テレビや新聞やネットでよく見たり聞いたりする金融用語で、よく理解できていない言葉や、いまさら人にきけない経済の基本的な知識も、簡単な言葉で説明されています。
　オプションってなに？　レバレッジってなに？　ファンドって？　プライベート・エクイティって知ってる？　子どもたちはもちろんですが、大人にとっても知っておいて損はない、というよりぜひ知っておくべき知識が満載です。金融に興味があってもなくても、子どもでも大人でも、この本をめくればおカネについて楽しく学ぶことができるでしょう。

　「おカネに働いてもらう」という選択肢があることを知り、どうしたらそれができるのかを学ぶことは、「働いておカネをどう稼ぐか」を考えることと同じくらい大切です。この本

がその選択肢を学ぶ入り口になることを願っています。また、この本がきっかけで親子のあいだで投資や運用についての会話が進めば、これほどうれしいことはありません。

翻訳者　関 美和

デヴィッド・ビアンキ
David W. Bianchi

Cabrera Photography

タフツ大学で経済学の学位取得。ボストンカレッジ法科大学院修了。フロリダ州マイアミのStewart Tilghman Fox Bianchi & Cain弁護士事務所で、36年にわたり弁護士を務める。2013年、『ベスト・ロイヤーズ』誌によりマイアミ地区の「ロイヤー・オブ・ザ・イヤー」に選ばれた。

(訳者) 関 美和 Miwa Seki

慶應義塾大学文学部・法学部卒業。電通、スミスバーニー勤務の後、ハーバード・ビジネススクールでMBA取得。モルガン・スタンレー投資銀行を経てクレイ・フィンレイ投資顧問東京支店長を務める。現在は杏林大学外国語学部准教授。

お父さんが教える 13歳からの金融入門

2016年7月20日　1刷
2022年2月9日　24刷

著者	デヴィッド・ビアンキ
訳者	関 美和
発行者	白石 賢
発行	日経BP
	日本経済新聞出版本部
発売	日経BPマーケティング
	〒105-8308　東京都港区虎ノ門4-3-12
印刷・製本	三松堂
DTP	マーリンクレイン
デザイン	坂川栄治+鳴田小夜子（坂川事務所）

ISBN 978-4-532-35685-9　Printed in Japan

本書の無断複写・複製(コピー等)は著作権法上の例外を除き、禁じられています。
購入者以外の第三者による電子データ化および電子書籍化は、私的使用を含め一切認められておりません。
本書籍に関するお問い合わせ、ご連絡は下記にて承ります。
https://nkbp.jp/booksQA